英語で
読む
マーケティング

Readings on Marketing

相島淑美 Toshimi Aishima

研究社

英語で読むマーケティング

PRINTED IN JAPAN

はじめに　Introduction

　本書は、英語論文を通じて最先端のマーケティングを学ぶ本です。マーケティング論文を通じて英語を学ぶ本とも言えるかもしれません。

　英語を学びたい学部生・大学院生（MBA含む）みならず、今後ビジネスの必須教養ともなりうるマーケティングの最新理論を知りたいビジネスパーソンを読者対象にしました。

　私は大学の経営学部とMBAコースで外書講読（英語文献を読む授業）を担当しています。外書講読というといわゆる古典的名著を読むケースが多いのですが、私のクラスでは、あえていまグローバル社会で起こっている事象や最新のマーケティング事例を取り上げ、旬のテーマについて書かれた論文を読むことにしています。ビジネスパーソン（将来のビジネスパーソンも含め）にとって、英語はマーケティングや経営を学ぶための「ツール」。ツールだからこそ常に磨き、目的に沿って使えるようにする必要があるわけですが、授業ではツールとして英語を使う感覚を身につけられるよう工夫しています。

　そこでもっとも重要なことのひとつが教材選びです。特にいま、従来の価値観が大きく変わり、それに伴ってマーケティングも方向転換しようとしている時代にあって、「これから」を予測し考えるヒントを与えてくれる英文や、「そういう発想、切り口があるのか」と目からウロコが落ちる喜びを感じられる英文、あるいは自分の経験に照らして「どう考えるか」を問い直すような英文を扱うことが必要であると思います。

　本書にはいまビジネスパーソンに読んでほしい、選りすぐりのマーケティング論文（抜粋）を集めました。

　ねらいは2つあります。

まず、コクのある英文を英語のまま読み、ツールとしての英語力を磨くこと。

　次に、最新のマーケティングについて学ぶこと。さらにいえば、これまでのアメリカ型マーケティングとその後の展開を踏まえつつ、これからの「日本型」マーケティングを考えるきっかけとなれば、うれしいです。

　マーケティングの世界では、毎年のように海外から新たな概念や戦略、手法が紹介されます。速やかに取り入れることも重要ですが、本質的な部分を知らずに表面的なノウハウをなぞるだけでは実際に応用がきかないことがあります。遠回りのようでも、元をたどることが大事です。つまり、原文にあたることです。

　ビジネスパーソンはいうまでもなく、これから社会に出てグローバルな視点で仕事をしたいと考えている大学生や、理論を構築し活用しようとしている研究者も、原文にあたって必要な情報を最適のタイミングで収集し、目的と条件にあわせて適切に読み込み、自分の置かれた場に照らし合わせて何らかのヒントを得ることが求められます。

　原文で読む、といいますが、簡単なことではありません。なぜなら、単語ひとつひとつの辞書的な意味がわかるだけでは理解できないことも多いからです。理論的背景や文脈が理解できてはじめて腑に落ちることもよくあります。実際、ひとりで原書を読む問題はここにあると感じています。英語の意味だけでなく、背景情報もないと、十分な理解は期待できません。

　マーケティングの論文や著作物を英語で読む人は、シンプルに英語を学びたいというよりは、「書かれたものを通じて世界の動きや新たな世界観を知る」、またその先に「新たな世界にフィットしたビジネスやキャリアを探る」といった目的を持っていることでしょう。自分の課題を解決するための手がかりとして読むのであれば、なおさら適切な手引きがほしいところです。

　この考え方を元に、本書ではいわゆる古典的名著でなく、長期的影響力があり、今後もグローバルに共有されるであろうマーケティング論文を取り上げました。

　構成は次の通りです。論文のセレクトは関西学院大学大学院経営戦略研究科教授、佐藤善信先生にお願いしました。

　第1章　価値共創と関係性マーケティング

　第2章　インターナル・マーケティングとホスピタリティ

　第3章　ソーシャル・マーケティング

　各章はそれぞれ3本の論文(抜粋)から成っています。英文には単語や構文・文法の説明のほかマーケティングの専門でない人にも理解しやすいよう専門用語（概念）の説明も加えました。試訳も添えていますので、ぜひ参考にしてください。

　では、マーケティング×英語の学びを一緒に楽しみましょう。

目　次
∙∙∙∙∙∙∙∙∙∙

第 1 章
関係性マーケティングと価値共創

1 スポーツにおける価値共創

Sports fans' roles in value co-creation

Value co-creation in sports from an SDL and CCT perspective

The evolution of the concept of value creation in sports can be considered through both the sport- and non-sport-related literature. The original definition of sport marketing, from Advertising Age in 1978, clearly reflects a focus on value delivery on the part of providers. This definition views sports as a promotional vehicle; the emphasis is on the product/services promoted *through* sport rather than the actual sport product (a game). Sport customers appear as passive objects that neither facilitate nor consume value.

(Dimitrious Kolyperas et al., "Sport fans' roles in value co-creation," *European Sport Management Quarterly*, Volume 19, Issue 2, 2019, p.203)

□ value co-creation　価値共創　　□ evolution　進化　　□ concept　概念
□ value creation　価値創造　　□ definition　定義　　□ reflect　反映する
□ delivery　提供　　□ vehicle　手段、媒体、乗り物　　□ provider　提供者
□ emphasis　強調　　□ promote　促進する　　□ passive　受動的な
□ facilitate　容易にする、促進する

　テーマはずばり「スポーツにおける価値共創」。近年、特に注目が集まっているトピックです。まず「価値共創」（value co-creation）という概念について説明しましょう。かつて、価値は企業が（商品という形で）提供するものである、と見なされていました。基盤となるのは、企業が商品の価値（価格）を決め、顧客はその対価を支払って、商品を得るという「価値交換」の考え方です。これを Goods Dominant Logic（グッズ・ドミナント・ロジック、GDL）といいます。これに対して、価値は「企業が様々なステークホルダー（特に顧客）と共に創り出すもの」とみて、マーケティングを組み立てる考え方があります。

これを Service Dominant Logic（サービス・ドミナント・ロジック、SDL）
といいます。

　SDL はスティーブン・バーゴ（Stephen L. Vargo）とロバート・ラッ
シュ（Robert F. Lusch）が、2004 年に発表した論文 "Evolving to a New
Dominant Logic for Marketing"（マーケティングの新たな支配的論理に向け
て）において提唱した概念です。今日のマーケティング（特にサービス・マー
ケティング）を考える際にもっとも重要な概念のひとつであり、本書でも繰り
返し登場しますので、少しずつなじんでください。まずは「価値は企業が決め
るのでなく、顧客とともに創造する」という点を頭に入れておけば大丈夫です。
　では本文に入ります。「スポーツの領域における価値共創という概念の発展」
というキーワードから始まっています。
　第 2 文、The original definition of sport marketing, from Advertising Age
in 1978, clearly reflects a focus on value delivery on the part of providers.
は、そもそもスポーツマーケティングの定義は価値提供者側（企業、組織）か
らみた価値提供に焦点を置いている、つまり価値共創という概念以前の話です
ね。original（「本来は～」という意味）という言葉から、「この後で変化が述
べられる」ことが予想できます。この定義によると、スポーツはプロモーショ
ンの手段であり、実際のスポーツ・プロダクト（試合）よりも、スポーツを通
じて（through がイタリックで強調されています）プロモーションするモノが
重要、となっています。最後の文の「受動的な対象」とは、スポーツにかかわ
らず、価値共創に参加する前の顧客についての典型的な説明といえます。

【訳】
SDL および CCT の視点から見たスポーツにおける価値共創
　スポーツにおける価値創造という概念の発展は、スポーツ関連文献とそれ以外の文献
の双方を通じて考えることができる。1978 年の『アドバタイジング・エイジ』から、
スポーツマーケティングの定義は提供者側の価値提供にまず重点が置かれていることが
明らかになる。この定義では、スポーツはプロモーションの一手段と見なされる。実際
のスポーツ・プロダクト（試合そのもの）というより、スポーツを通じてプロモーショ
ンが行われる商品やサービスが重視されるのだ。スポーツの顧客は価値を増すこともな
ければ減らすこともない、受動的対象と見なされている。

During the 1990s and then especially in the 2000s, the objectification of customers as passive agents and receivers of value was challenged by the mainstream literature. This shift was then reflected in the sport-related literature. Shilbury, Quick, and Westerbeek and Beech and Chadwick, for instance, stress the importance of contests with uncertain outcomes as being 'inseparately linked with sport activities'. Sport activities are thus the base to provide a platform for fans and other actors to co-create value, which is logically compatible with the SDL, where value is co-created through interactions amongst resource-integrating stakeholders.

(Dimitrious Kolyperas et al., "Sport fans' roles in value co-creation," *European Sport Management Quarterly*, Volume 19, Issue 2, 2019, p.203)

□ objectification　客観化、対象化　　□ mainstream　主流　　□ uncertain　不確かな
□ outcome　成果　　□ servicescape　サービスが提供される空間
□ inseparately　不可分に　　□ challenge　異論を唱える、正当性を疑う
□ compatible　両立できる　　□ interaction　相互作用、インタラクション
□ integrate　統合する

　1990 年代から 2000 年代になると、前パラグラフで述べられた定義に変化が生まれます。従来は「顧客」というと（スポーツ関連に限らず、一般に）消極的に価値を受け取る存在と見なされていましたが、これに異論を唱える立場が登場するようになり、スポーツ研究の領域でもそうした動きが反映されはじめます。結果がどうなるかわからない、どきどきするような競技そのものに重点が移ってくるわけです。

　最後の文は「スポーツの試合がひとつの基盤となって、ファンが選手本人、運営側、チーム等とともに価値を創造する場が提供される。リソースを結集し、ステークホルダー間の相互作用を通じて価値共創が起こるとする SDL(Service Dominant Logic, サービス・ドミナント・ロジック) の概念からもそのように

考えられる」という意味です。

　第4文にactorという表現が出てきますが、提供者・企業(売り手)と消費者(買い手)を区分せず、またその両者に限定せず、価値共創に関わる人々をアクターと呼びます。

　補足説明を。サービスが提供される物理的空間を指すservicescape(サービススケープ)という概念があります(くわしくは後述します)。メアリー・ビトナー(Mary J. Bitner)は、1992年発表の論文 "Servicescape: The impact of physical surroundings on customers & employees" において、音や清潔さ、レイアウトなどの物理的空間が顧客満足に影響することを明らかにしました。サービスが提供される場の環境要因が顧客や従業員の心理や行動にどう影響を与えるかというフレームワークで、スポーツのほかには飲食、ホテル等の文脈で活用されることが多いようです。

　なお、論文を引用する際には、Shilbury, Quick, and Westerbeek(1998)と(人名をカタカナにせず)そのまま表記することが学術論文では一般的です。

　ですが、本書では日本人の読者を考えて、訳と解説では著者名をカタカナ表記併記でご紹介します。また、原文にはかっこ書きで参考文献情報、発表年が記載されますが、本書では割愛します。

【訳】
　顧客は価値を一方的に受け取るだけの受動的な存在と見なされていたが、1990年代以降、とりわけ2000年代に入って、主流派の研究者がこうした見方に異論を唱えるようになった。当時のスポーツ関連文献においても、この変化が見て取れる。たとえばシルバリ、クイック、ウェスタビークと、ビーチとチャドウィックは競技の結果が予測できないという点に注目し、そのことが「スポーツ活動と不可分に結びついている」と述べている。このようにスポーツの試合は、ファンが他のアクターと価値を共創する場を提供する基盤となる。この見方は、リソースを統合するステークホルダー間の相互作用を通じて価値が共創される、とするSDLの理論にも合致する。

In the sports industry, a focus on value delivery (and the GDL) can-

not fully accommodate the power of fans in value co-creation pro-
cesses. For instance, using the SDL, Rosca notes that fans should
be encouraged to undertake part of the job of sports marketers by
'co-creating' and 'co-producing' value. It is neither the provider nor
the sport product/services system that ties together the physical
and non-physical elements of sport consumption. Instead, the pas-
sion, excitement and involvement expressed by fans play a crucial
role in event implementation, product and service consumption and
value creation for other sport-related organizations (i.e. media, spon-
sors, tabloids).

(Dimitrious Kolyperas et al., "Sport fans' roles in value co-creation," *European
Sport Management Quarterly*, Volume 19, Issue 2, 2019, p.204)

□ accommodate　〜を受け入れる、〜に応える　　□ encourage　〜を促す
□ undertake　〜を引き受ける　　□ involvement　深くかかわること、没頭すること
□ consumption　消費　　□ crucial　きわめて重要な　　□ implementation　実施

　GDL（Goods Dominant Logic）は先述のとおり、SDL（Service Dominant
Logic）が登場する以前の考え方です。GDL では、企業が商品の価値を設定し、
顧客に示す。顧客は対価を支払って、商品を入手する、と考えます。つまり、
価値は一方的に企業側から提供される（deliver される）ものでした。いわゆ
る従来のマーケティングはこの考えがベースになっています。ところが、この
考え方では、価値共創プロセスにおいてファンがはたす役割が説明できません。
ヴラド・ロスカ（Vlad Rosca）は SDL を踏まえ、ファンは価値を「共 - 創」「共
- 生産」しており、その意味で「マーケター」の仕事を担っていると指摘して
います。

　It is neither の文は強調構文に注意してください。スポーツ消費の物理的要
素と非物理的要素を結びつけるのは、提供者でも、商品やサービスの提供シス
テムでもない。そうではなく、ファンがどれだけ情熱を傾け、興奮し、はまる
か。それがイベントの遂行、商品やサービスの消費、関連組織（メディア、ス
ポンサー、タブロイド等）への価値創造に、きわめて重要な役割をはたしている、
と述べています。

【訳】
　スポーツ業界において、価値は一方的に提供されるという考え方（および GDL のフレームワーク）にこだわってしまうと、価値共創プロセスにファンの力をきちんと位置付けることができない。ロスカは SDL のフレームワークを踏まえつつ、ファンが積極的に価値を「共 - 創造」し「共 - 生産」してくれるように働きかけ、ファンにスポーツ・マーケターの役割を担ってもらうべきだと述べている。スポーツ消費の有形・無形の要素を結びつけるのは、提供者でもないし、商品やサービスの提供システムでもない。そうではなく、ファンがどれだけ情熱を注ぎ、興奮し、熱中するかが、イベントの開催、商品やサービスの消費、関連組織（メディア、スポンサー、タブロイド等）への価値創造に、きわめて重要な役割をはたす。

This section thus argues that the GDL cannot fully encapsulate the role of fans in value creation processes and that an SDL perspective is thus required. However, the SDL refers to the general theoretical level, is more abstract by nature and could be considered to be too far away from the observable reality. Thus, the investigation of the role of sport fans in value co-creation from an SDL perspective requires an intermediary body of theory that facilitates the theoretical and practical analysis of the phenomenon within its context. CCT is a suitable intermediary since it can provide a better understanding of 'what things mean' and 'how they work' in particular contexts. We suggest that to fully capture fan value co-creation phenomena in sports, we need to employ an SDL perspective fused with CCT insights.

(Dimitrious Kolyperas et al., "Sport fans' roles in value co-creation," *European Sport Management Quarterly*, Volume 19, Issue 2, 2019, p.204)

□ encapsulate　要約する　　□ perspective　視点　　□ theoretical　理論的な
□ abstract　抽象的な　　□ observable　観察可能な　　□ investigation　調査

□ phenomenon　現象　　□ context　文脈　　□ by nature　生来、生まれつき
□ intermediary　仲介者

　このセクションのまとめです。GDL では価値共創プロセスにおけるファンの役割を十分に説明できない、したがって SDL の視点を取り入れることが重要となるが、SDL を使えば解決するというわけではない、と著者は指摘します。SDL は理論レベルで議論しているため抽象的であり、現実から乖離している、というのです。したがって、価値共創におけるスポーツファンの役割を SDL の視点から研究するのであれば、間をつなぐ理論的フレームワークが必要となりますが、それには CCT（consumer culture theory、消費文化理論）が適切である、と述べられています。消費文化理論とは、リック・アーノルドとクレッグ・トンプソン（Eric Arnould and Craig Thompson）が 2005 年に提唱した理論です。消費文化理論は、消費者の行動や文化的意味の関係を取り上げています。ここでは、文化とはたとえば「アメリカ人はこう、日本人はこう」という統一的な価値観として提示されるものではなく、より広い社会歴史的な枠組みのなかで互いに重なりあいながら存在する多様な意味群としてとらえられています。

【訳】
　このように、本節では、GDL は価値共創プロセスにおけるファンの役割を十分に説明できず、それゆえに SDL の視点が求められることを述べてきた。しかしながら、SDL は一般論のレベルで論じられているため、本来抽象的であり、観察可能な現実からかけ離れていると思われるかもしれない。したがって、SDL の視点から価値共創におけるスポーツファンの役割を調べるには、この文脈内部の現象を分析する際、理論と実務の橋渡しをする仲介役的な理論体系が必要となる。特定の文脈において「何を意味するか」「どのように作用しているか」について、さらに深い理解を可能にする CCT（消費文化理論）こそ、この仲介役に相応しい。スポーツにおいてファンが価値共創する現象をきっちりとらえるために、SDL の視点に CCT の見方を取り入れる必要があるのではないか。

Fans exhibit loyalty patterns, irrational tolerance, fanaticism and partisanship. A great deal of emotional significance and value derive from fans' social identification and group membership. In contrast to spectators (who need luring), fans invest their heart and soul, rave about the brand (i.e. club, team) to friends, and defend it from criticism (take it personally). Therefore, they are often quality (performance) insensitive and reluctant to switch to a different value proposition (i.e. team, way of spectating).

(Dimitrious Kolyperas et al., "Sport fans' roles in value co-creation," *European Sport Management Quarterly*, Volume 19, Issue 2, 2019, p.205)

□ exhibit 〜を示す　□ irrational 不合理な　□ tolerance 忍耐
□ fanaticism 熱狂　□ partisanship 党派心　□ emotional 感情の
□ derive (from) 〜に由来する　□ spectator 見物人
□ rave 〜を激賞する、熱く語る　□ defend 〜から守る
□ insensitive 無関心な、無神経な　□ reluctant 不承不承の
□ switch to 〜に切り替える　□ proposition 提案

　抽象的な説明になっていますが、プロ野球やJリーグ等、チームのファンを想像しながら英文を読んでいくと、イメージしやすいのではないでしょうか。
　第2文 social identification は自分が所属するグループをアイデンティティの拠りどころとして行動することを指します。（社会的アイデンティティ理論について、後節でくわしく取り上げていますので、参考にしてください。）

【訳】
　ファンはさまざまな形で忠誠心を示し、不合理も辛抱強く受け入れ、熱狂し、徒党を組む。そうした反応や価値観の多くは、ファンの社会的アイデンティフィケーションおよびグループへの帰属意識から生まれる。よほどの魅力がなければ足を運ぶことのない冷やかしの客とは対照的に、ファンは全身全霊をかけ、ブランド（クラブ、チーム）について友人に熱く語り、批判されれば（自分のこととして）弁護する。質（パフォーマンス）に関心を払わないこともよくあり、ほかの価値の提案（チーム、観戦方法）を

受け入れることには抵抗がある。

For instance, whilst a football shirt was traditionally viewed as a pure product for playing the game, it is currently a fashion statement with symbolic weight, associations and meaning for fans. Therefore, shirts are marketed for their intangible feel-good factors (e.g. association, belonging, heritage), not their functional tangible characteristics (e.g. to enable you to play). They are often mass-customized and co-created (servitized), in that fans can add their own authentic value through customization (name, number and colour). However, there are instances where value creation through a football shirt is constructed independently from providers (manufacturers, retailers, sponsors, clubs) and by-fans-for-fans (e.g. fan club shirts and scarfs).

(Dimitrious Kolyperas et al., "Sport fans' roles in value co-creation," *European Sport Management Quarterly*, Volume 19, Issue 2, 2019, p.205)

☐ currently　今（のところ）　　☐ association　連想　　☐ intangible　無形の
☐ heritage　遺産　　☐ servitize　サービス化する　　☐ in that〜　〜という意味で
☐ authentic　本物の、正統の、真正な、嘘のない
☐ customization　カスタマイゼーション　　☐ independently　単独に

　わかりやすい具体例が示されています。whilst a football shirt was traditionally viewed as a pure product for playing the game, it is currently a fashion statement では、was traditionally と is currently が対比になっていることに注意しましょう。もともとは〜であったが、いまでは…となります。

　servitized の名詞形である servitization サービタイゼーション（サービス化）とは、製造業が製品そのものでなく、製品から得られるサービスとして顧客に提供するビジネスモデルを指します。つまりモノでなく、コトに価値を見出し

てビジネスモデルを転換するということです。昨今、老舗製造業においてもこうした流れが認められます。

【訳】

　たとえばサッカーのウエアは従来、試合に使う製品にすぎないと見なされていたが、いまは一種のファッション哲学を示し、ファンはそこに象徴的な重みや連帯感や意義を見出す。よってウエアがどうして売れるかといえば、幸せな気持ちになるという無形の要因（ウエアがもたらす様々な連想、自分もチームのメンバーという気持ち、伝統に貢献しているという感覚）があるからであり、具体的な機能性（プレーしやすい等）が理由ではない。ウエアは往々にして、一括してカスタマイズされ、共創され（サービス化され）る。ファンはカスタマイズ（名前、背番号、色）を通じて自分らしい価値を加えていくのである。ただしサッカーのウエアを通じた価値共創が、提供者（メーカー、小売店、スポンサー、クラブ）から切り離され、ファンによってファンのために（ファンクラブのシャツやスカーフなど）行われることもある。

As a further illustration, a sporting event has been traditionally viewed as a pure service. The Wimbledon tennis tournament, however, is now increasingly promoted by the quality of its physicality or 'sportscape' (standardization). Just as retail store layouts can direct customers' physical movement through retail space, Wimbledon has a narrative design that also directs the course of fans' mental attention, experiences and the related practice of self-narration. Unsurprisingly, Wimbledon exerts tight control over its brand, logo, stadia, sponsors, merchandizing, and even the dress code of its participants (athletes, fans, officials) to exert systematic effects on consuming experiences and to enhance its servicescape management and design (built, perceptual, and 'natural' parts). In other words, Wimbledon offers a thematic and conceptual space in which cultural narratives, tales of athletic achievement or romantic/nostalgic mythologies can be reworked to serve commercial purposes and to channel fan experiences along certain trajectories. This thematic space, though brand generated, is very much fan enacted, and as a result, it can be 'sliced and diced' and 'repackaged' into new hybrid value propositions (i.e. DVD collections, on-line downloads, Twitter highlights, books, Panini cards, fantasy leagues, magazines) where value continues to be present. Services are no longer uncontrollable, perishable, intangible and time dependent.

(Dimitrious Kolyperas et al., "Sport fans' roles in value co-creation," *European Sport Management Quarterly*, Volume 19, Issue 2, 2019, p.205)

□ thematic　テーマの　　□ physicality　物理的性格　　□ standardization　標準化
□ narrative　物語、語り　　□ exert　行使する　　□ merchandizing　商品の販売計画
□ mythology　神話　　□ trajectory　軌道、軌跡　　□ slice and dice　細かく分ける
□ time dependent　　時間に依存する

　第 2 文の sportscape（スポーツスケープ）とは聞きなれない言葉ですが、スタジアムやグラウンドなど、スポーツが行われる物理的空間を指します（先に言及したサービススケープの概念を思い出しましょう）。ウィンブルドンはもはや単なる競技の場ではなく、テーマや概念に沿った空間を提供していると書かれています。ここで展開される物語は細かく切り分けられ、新たにハイブリッド型の価値提案として再パッケージングされます。

【訳】
　さらにいうならば、スポーツイベントは従来紛れもなくサービスとみなされてきた。しかしながら今日、ウィンブルドン・テニストーナメントはその物理的な場すなわちスポーツスケープという視点からプロモーションが行われている。小売店が店内のレイアウトによって店内の顧客を誘導するように、ウィンブルドンは歴史や世界観をわかりやすく伝えることでファンの知的関心を引き出し、各自の受け止め方や心の声に影響を与える。驚くことではないだろうが、ウィンブルドンではブランド、ロゴ、スタジアム、スポンサー、グッズ販売、さらには参加者（競技者、ファン、事務局）のドレスコードまで厳格にコントロールして、消費者の経験を系統的に演出し、サービススケープのマ

ネジメントおよびデザイン（建築、知覚的、自然の部分において）の質を高めている。いいかえれば、ウィンブルドンが提供するのはテーマや概念に沿った空間であり、そこにおいて文化的な前提、競技者が勝利を手に入れたというストーリー、ロマンティック／ノスタルジックな神話の数々が商業目的にかなうように、またファンが一定の筋書き通りにそれらを経験できるように、修正が試みられる。このテーマ空間はブランド発とはいえ、ファンが作ったものであるともいえる。だからこそその空間を細分化し、新たにハイブリッド型の価値提案（DVD コレクション、オンラインのダウンロード、ツイッター、書籍、トレーディングカード、ファンタジーリーグ、雑誌）に再パッケージして価値を生み続けることもできる。サービスはもはやコントロールできないものでもその場限りのものでもないし、形がないものでも時間に左右されるものでもない。

Sports fans expect that sport products and services will fulfil a bundle of needs, both momentarily and over time. This expectation concerns the value meaning, structure, and distribution of products and services. According to the GDL, this value is delivered by brands through more standardized and servitized products, which means that fans expect a homogenous distribution of the promised value properties, in that products should reproduce the same qualities to all fans in relevantly identical and replicated situations. For example, a tennis fan who purchases an x-type of tennis ball that promises more accurate shot-making through an integrated mix of aerodynamics and product (material) sophistication will expect all balls in the packet to be able to provide precisely this quality. One would expect all other fans purchasing the same type of tennis balls to receive exactly the same level of quality. This expectation reflects an underlying value creation where fans' expectations are homogenous across relevantly identical situations and against the promised product features.

(Dimitrious Kolyperas et al., "Sport fans' roles in value co-creation," *European*

Sport Management Quarterly, Volume 19, Issue 2, 2019, p.211)

□ bundle 束（a bundle of で、さまざまな～）　　□ momentarily　つかのま
□ homogen(e)ous　同質の、均質な　　□ relevantly　関連して
□ replicate　再現する　　□ aerodynamics　空気力学　　□ sophistication　高度化
□ underlying　基本的な、根底にある

　では、スポーツファンは「価値」にどのようにかかわっているのでしょうか。ここではまず「期待」という言葉を起点に GDL を用いて説明を試みています。GDL で考えるならば、スポーツの価値は、標準化されサービス化された製品を通じ、ブランドから一方的に提供されることになります。ここで homogenous という単語が用いられています。「同質的」とは、どのファンに対しても同じように価値が伝わり、すべてのファンが同じ価値を享受するというイメージです。テニスボールの例が示されていますね。たとえば最先端の技術を取り入れて正確なショットを約束したテニスボールを買う場合、当然のことながら、箱のすべてのボールが全く同じ品質だと期待します。同じタイプのテニスボールを買う人は皆、全く同レベルの品質を期待するはずです。

【訳】
　スポーツファンは、スポーツ関連製品とサービスがさまざまなニーズを一時的にも長期的にも満たしてくれると期待する。この期待が製品とサービスの価値の意味、構造、伝達に影響を与える。GDL によれば、この価値はより標準化され、サービス化された商品ブランドによって提供される。ファンは約束された価値が均質に伝達されることを期待しているし、製品は状況が変わらない限りいつ誰が買っても同じであって当然だと考えている。たとえば、空気力学と製品（素材）の進化によって実現された、より正確なショットが打てるテニスボールがあるとしよう。買い求めるテニスファンは、箱に収められたボールがすべて完全に同じ品質であると期待する。同じタイプのテニスボールを買うほかのファンも、例外なく完全に同品質であると期待するだろう。ここから根本的な価値創造が見えてくる。同じ状況で、品質が約束された製品に対するファンの期待値は同一であるということだ。この条件が満たされなければ、当該製品はそうした期待をはたすことができない。

In the SDL, value is co-created; thus, the meaning, structure and distribution of value cannot be homogeneous. Such a distributed view of meanings is activated through the service, and the fan is aware of the co-created nature of the value proposition. Fans thus expect to obtain different types of value from the same service proposition, relative to some personal level of engagement (e.g. team identification) and investment of time and effort into the service co-creation. For example, a fan recognizes that the value that he/she obtains from his/her attendance at games is significantly conditional on the time and effort put into the event (e.g. a thirty-year fan vs. a casual spectator). The same fan also expects the sportscape experience to vary according to the opponent and other service factors (weather conditions, injuries, etc.), whereas a casual spectator would have different expectations and experiences. This difference reflects service-generated heterogeneity, where value is dependent on the ability to co-create and control the co-creation processes.

(Dimitrious Kolyperas et al., "Sport fans' roles in value co-creation," *European Sport Management Quarterly*, Volume 19, Issue 2, 2019, p.211)

□ activate　〜を活性化する　　□ proposition　提案　　□ aware　知って、気づいて
□ engagement　エンゲージメント（関与）　　□ investment　投資、出資
□ vary　変わる、変化する

　一方、SDL では、価値は顧客をはじめステークホルダーとともに共創される
ものと考えます。ですから、価値の意味、構造、流通がいつでも誰にとっても
同じということはありません。同じサービス提案であっても、自分がどれほど
チームに深くかかわっているか、どれだけ思いを寄せているかによって、得ら
れる価値は異なります。この点は皆さんも納得できるのではないでしょうか。
たとえば試合を観るとすれば、それまでに注いできた年月と思い入れ（長年球
場に通いつめ、応援に声をからしてきたファンと、たまたま気軽に見に来たファ

ンでは違いますね）によって価値は決まるでしょう。年季の入ったファンであれば対戦相手や他のサービス要因（天候や選手のけがなど）などいろいろな事柄を考え、どんな試合になるだろう、と期待するものですが、そうした熱い気持ちなしに見に来た客であれば、抱く期待と経験はそれとは異なるはずです。heterogeneity（異質性）という単語の意味合いを読み取ってください。

　engagement（関与）とはマーケティングにおいてきわめて重要なキーワードのひとつです。たとえば顧客エンゲージメントとは、企業・ブランドと顧客が結ぶ信頼関係や共感、絆を指します。特に最近ではサブスクリプション・ビジネスにおいて取り上げられることも多いです。

【訳】
　SDL においては、価値は共創されるものである。したがって、価値の意味、構造、伝達は同質的にはなりえない。意味がどう伝わるかはサービスの提供中に変化し、ファンは価値が共創されるものであることに気づいている。提案されるサービスは同じであっても、自分がどれほどそのスポーツに深く関与しているか（チームと自己アイデンティティの関わりなど）あるいは、サービスの価値共創にどれだけ時間や手間をかけたかによって、得る価値の種類は変わる。たとえば、試合観戦で得られる価値は、そこにかけた時間と労力（30 年来のファンとたまたま見に来たような見物客では異なる）によって決まることをファンは認識している。同じく、対戦相手や他の要因（天候や選手のけがなど）によってもスポーツスケープの経験は左右されるだろうとも予想する。一方で、思い入れのない観客が抱く期待と経験はそれとは異なるだろう。この違いは、サービス生成の異質性を反映する。すなわち、サービスから得られる価値は、各自の共創する能力と共創プロセスを支配する能力で決まる。

Discussion

Our research is centred on a key service research priority, understanding customer value co-creation; it addresses the call to understand what customers actually do when they co-create value. Our findings extend the service ecosystem perspective, focusing on the centrality of sport fan value co-creation. The next sections address the theoretical and managerial implications relating to our findings on fan value co-creation in sports.

(Dimitrious Kolyperas et al., "Sport fans' roles in value co-creation," *European Sport Management Quarterly*, Volume 19, Issue 2, 2019, p.214)

□ ecosystem　エコシステム、生態系　　□ address　〜に取り組む
□ managerial　実務的な

　論文ではケース分析やデータ分析の後に discussion（考察）が続きます。得られた事実、数字をどのように読み解くことができるか、研究結果の意味について著者の主張が書かれる部分であり introduction（はじめに）で示された問題に対する答えが述べられています。findings（結果、発見物）を明示することも論文のルールです。

　なお、論文の結論部分の managerial implications（実務的インプリケーション）は、本論文が実務にどのように役に立つか、どのようなヒントを得られるかが述べられています。これは先行研究にどのような寄与ができるかを示す theoretical contribution（理論的貢献）とセットで置かれます。

　ecosystem（エコシステム）はもともと生態系を示す言葉ですが、ビジネスで用いられる場合は、複数の企業や組織がパートナーシップを組み、強みを生かして共存共栄する仕組みを指します。業界を超えて連携するビジネスモデルは今日、ますます重要性を増していると言えます。

【訳】

ディスカッション

　本論文はサービス研究の優先事項、すなわち顧客価値共創の理解に重点を置く。これは価値共創の際、顧客が実際に何をしているのかを理解するべきだとの呼びかけに応えたものだ。本論文の成果として、サービスのエコシステムという視点を拡大し、スポーツファンの価値共創の重要性に焦点を当てたことがある。次節は、スポーツにおけるファンの価値共創について研究成果にかかわる理論的・実務的インプリケーションを述べていく。

2 CSR と価値共創

CSR and Customer Value Co-Creation Behavior:
The Moderation Mechanisms of Servant Leadership and
Relationship Marketing Orientation

Abstract

Corporate social responsibility (CSR) is a force to "pull" customers to the organizational mission and values, and influence them to contribute to the organization. The primary purpose of the research is to assess how CSR contributes to customer value co-creation. The research also seeks evidence on the moderation mechanisms of servant leadership and relationship marketing orientation for the effect of CSR on customer value cocreation behavior. The data were collected from 873 employees and 873 customers in software industry in Vietnam context. The data analysis supported the positive effect of CSR on customer value co-creation behavior. Servant leadership and relationship marketing orientation were also found to play moderating roles for the CSR– customer value co-creation linkage.

(Trong Luu,"CSR and Customer Value Co-creation Behavior: The Moderation Mechanisms of Servant Leadership and Relationship Marketing Orientation," *Journal of Business Ethics,* 2017, p.379)

☐ mission　ミッション、使命　　☐ contribute　貢献する　　☐ assess　評価する
☐ moderation　調整　　☐ relationship marketing　関係性マーケティング

　CSR（corporate social responsibility）は「企業の社会的責任」、すなわち企業が倫理的観点から自主的に行う社会貢献活動を意味します。飲料メーカーが文化振興に協力する、電機メーカーが森林保護活動を行う等の例が知られていますが、それ以外にも環境保全や人権保護、労働環境の改善、地域社会への貢献など、CSR にはさまざまな領域があります。コンプライアンス（法令）を遵守し、投資家への説明責任を果たすといった事柄も CSR に含まれます。

一歩踏み込み、「競争優位のCSR」という概念を提唱したのがマイケル・ポーター（Michael Porter）です。これはCSV（creating shared value、共通価値の創造）の前身となりました。CSVは企業が本業を通じて（ビジネスとして＝収益を上げながら）社会課題の解決に取り組むことを指します。

まずはアブストラクト（要旨）に目を通しましょう。学術論文にはアブストラクトがついており、研究の目的、背景、方法、調査結果、結論まで端的に整理されています。

興味のあるテーマで検索をかけると、たいていの場合はアブストラクトが読めるようになっています。この部分を読んで、自分が知りたいことに関連しているかどうか、新たな知見を得られそうかどうか、全文を読むに値するか判断できるわけです。

逆に言えば、多くの人に読んでもらうためには読みやすく魅力的なアブストラクトを書く必要があります。アブストラクトの書き方は慣れも大事だと思います。多くの論文を読み、「型」を身につけていきましょう。

さて、CSRは企業のミッションや価値観に対して顧客が興味を持ち、自主的に企業にとって好ましい行動を取るよう仕向けることができる、と述べられています。営業のスタイルでpull型といえば、顧客主体で、顧客が自分から興味を持って購入するよう行動を喚起する方法ですね。ちなみにpush型とは企業から情報を発信し、アプローチをかけて顧客との関係を築こうとする方法を指します。

続けて、「本論文の主要目的」について、「CSRがどのように顧客価値共創に貢献するかを明らかにすること」としています。さらに「この過程で、サーバント・リーダーシップおよび関係性マーケティング志向が調整的な役割をはたしていることを証明する」とも書かれています。（サーバント・リーダーシップと関係性マーケティングについては後でくわしく説明しています。）

次の文は調査についての説明です。何名のデータを集めたかが書かれています。最後に、リサーチから明らかになったことが記されます。（ここでは、仮説が証明されています。）

【訳】
　要旨

　CSR は顧客が組織のミッションと価値観に「魅力を覚え」、組織にとって好ましい行動を自主的に取ってくれるよう後押しをする。本研究の主要目的は、CSR が顧客価値共創にどのように貢献するかを明らかにすることである。またこの過程で、サーバント・リーダーシップおよびリレーションシップ・マーケティング（関係性マーケティング）志向が調整的役割をはたしていることを証明する。データはベトナム文化圏のソフトウエア業界において 873 名の従業員および 873 名の顧客から収集した。データ分析の結果、CSR が顧客価値共創行動にプラスの効果（正の効果）をもたらすことが示唆された。サーバント・リーダーシップと関係性マーケティング志向が、CSR と顧客価値共創のつながりにおいて仲介者的役割をはたすことも明らかになった。

CSR is viewed as instances where an organization transcends its interests and legal compliance to engage in activities that advance social good. CSR, which reflects an organization's orientation toward its stakeholders, has been reported to make the organization an attractive target for customers to identify with. In addition, service-dominant logic was extended for some societal and ethical dimensions using business cases where CSR is a vital part of value creation and value-in-use. Thus, premised on service-dominant logic and social identity theory, CSR may serve as an organizational catalyst for customers' engagement in value co-creation with the organization.

(Trong Luu,"CSR and Customer Value Co-creation Behavior: The Moderation Mechanisms of Servant Leadership and Relationship Marketing Orientation," *Journal of Business Ethics,* 2017, p.379)

□ transcend　〜を超越する　　□ legal 法的な
□ compliance　コンプライアンス（遵守）
□ orientation　志向（「〜志向」とは〜のニーズを中心に考えること）
□ societal　社会的
□ ethical　倫理的（SDGs 等、カタカナで「エシカル」と用いる場合もある）
□ dimension　範囲、程度、次元　　□ premise 前提とする　　□ catalyst 触媒

　企業にとっての価値とは、営利にかかわるものにとどまりません。（くわしくは本書第3章で扱います。）　顧客ひいては社会にとっての善、道徳に基づく価値を追求するべきであるという考え方は、まさにこの時代、企業活動の新たな軸としてとらえられています。societal は「（個人的でなく）社会的な」という意味で、企業の「ソサエタル・マーケティング」は企業の社会的影響力を考慮しつつ行う具体的マーケティング活動を指します。「社会志向的マーケティング」と訳すこともありますが、「ソサエタル」とカタカナ表記することも多いようです。

　value-in use は「使用価値」です。後のセクションでくわしく説明しています。

【訳】
　CSR は企業が自社の利益および法的コンプライアンスを超越して、ソーシャルグッド（環境保全や教育など社会に対してよいインパクトを与える取り組み）を前進させる活動とみなされる。報告によると、組織のステークホルダー志向を反映する CSR を通じて、企業は顧客が一体感を持つ魅力的な対象になる。加えてサービス・ドミナント・ロジックは社会的・倫理的領域に拡大されている。そこでは、CSR が価値共創と使用価値において重要な役割をはたした企業の事例が挙げられている。したがって、サービス・ドミナント・ロジックと社会的アイデンティティ理論に基づき、CSR は企業との価値共創に顧客が関与する際の仲介役として機能しているのではないかと予想できる。

Yet, the value of CSR to customers may have a stronger influence on customers' value co-creation behavior if this value is role-modeled by the leader of the organization. Due to "his or her moral responsibility not only to the success of the organization but also to his or her subordinates, the organization's customers, and other organizational stakeholders", a servant leader has a commitment to stakeholder interests and role-models stakeholder-oriented value of CSR. A spirit of servanthood from a servant leader can be infused into employees' interaction with and services to customers, thereby increasing customer trust in the organization's enactment of CSR values and identification with these values as well as with the organization. The interactive effect of CSR and servant leadership may hence make the organization a more intriguing target for social identification.

(Trong Luu,"CSR and Customer Value Co-creation Behavior: The Moderation Mechanisms of Servant Leadership and Relationship Marketing Orientation," *Journal of Business Ethics,* 2017, p.380)

□ subordinate　部下　　□ commitment　コミットメント、深い関与、責任、約束
□ servanthood　サーバント精神　　□ infuse　注ぐ
□ interaction　インタラクション、相互作用　　□ enactment　制定
□ intriguing　好奇心をかきたてる

　サーバント・リーダーについては第 2 章でくわしく触れますが、簡単に説明しますと、部下を上から支配したりアメとムチで無理やりタスクをさせたりするのでなく、フォロワーの立場に立って部下の声に耳を傾け、組織のビジョンを示しながら、彼らを成長に導くとともに組織を向上させるリーダーを指します。そうしたサーバント・リーダーシップの精神は、従業員と顧客の関係にも浸透すると述べられています。

　顧客は、組織が CSR 的価値を語るだけでなく実行しているのでますます信頼を寄せることになります。組織に対しても、そうした価値に対してもいっそう魅力を感じ、応援したくなるのです。会社のリーダーが従業員に寄り添い、CSR 的価値を体現すれば、従業員の顧客との関係にも良い影響を与え、顧客も「やはりこの会社は素晴らしいと思うようになる」と書かれています。抽象的な部分は、できる限り具体的な事例に落とし込んで理解するようにしましょう。

　The interactive effect of CSR and servant leadership may hence make the organization a more intriguing target for social identification. には、抽象名詞＋ make ＋目的語 〜の構文が見られます。抽象名詞が主語の場合は、訳出の際には工夫が必要です。主語は「CSR とサーバント・リーダーシップ

が相互に影響を与え合うこと」ですので、「CSR とサーバント・リーダーシッ
プが相互に影響を与え合うのならば」くらいにとらえていいと思います。この
「おかげで」組織は社会的アイデンティティの対象としてますます魅力的にな
ると述べられています。

【訳】
　だが、組織のリーダーがロールモデルとなってその価値観を体現すれば、CSR は顧客
の価値共創行動にさらに強い影響をおよぼすかもしれない。サーバント・リーダーは「組
織の成功に対する道徳的責任のみならず、部下、組織の顧客、それ以外のステークホル
ダーに対する道徳的責任」を負うことから、ステークホルダーの利益に責任を持ち、ステー
クホルダーにとって、CSR の価値を示すロールモデルになりうる。サーバント・リーダー
の持つサーバント精神は、従業員が行う顧客とのインタラクションや顧客サービスにも
注ぎ込まれることになる。その結果、組織が CSR 的価値観を実施していることに顧客
はますます信頼感を抱き、組織にもその価値観にも共感を抱く。CSR とサーバント・リー
ダーシップの相互作用のおかげで、顧客は、「やはりこの会社は素晴らしい」と思うよう
になるかもしれない。

[T]his research makes a fourfold contribution to managerial knowledge. The first aim and contribution of the research is to assess the extent to which CSR contributes to customer value co-creation behavior. With this first aim, the current research adds to the growing scholarly attention to the impact of CSR on the attitudes and behaviors of core organizational stakeholders including customers. Prior CSR research reported the bridge between CSR and customer outcomes such as customer satisfaction, trust, identification, and loyalty, but has not paid adequate academic attention to the role of CSR in activating customer value co-creation. This first aim of our research also complements the deficit in scholarship on the antecedents of customer co-creation.

(Trong Luu, "CSR and Customer Value Co-creation Behavior: The Moderation Mechanisms of Servant Leadership and Relationship Marketing Orientation," *Journal of Business Ethics,* 2017, p.380)

□ fourfold　4 種の、4 部からなる　　□ managerial　経営上の、管理の
□ current　現在の　　□ adequate　適正な　　□ activate　活性化する
□ complement　補足　　□ antecedent　先行要因　　□ deficit　欠陥

　本論文の「目的」および「貢献」が明示されます。どちらも学術論文のイントロダクションの必須項目です。論文を読むときは、まずここに注目しましょう。なお、「目的」も「貢献」も、複数ある場合、基本的には重要な順に並べることになっています。

　「貢献」（contribution）というのは、この論文が既存の研究に対してどのような新しい知見を提供できるのか、どのように活用されうるのかを示すことです。なお、managerial knowledge の managerial とは、「実務的（な）」という意味です。理論的、学術的な面でなく、実務面で活用されうることを指します。

　本論文の第 1 の目的は、CSR が顧客価値共創行動にどの程度結びつくかを明らかにすること。目的の背景として、先行研究で明らかになっている事柄が述べられます。そのあとで「しかしその先行研究では〜については論じられてこなかった」ことが指摘されます。

　このように「これまで〜という研究がなされてきた」（現在完了形）が、「〜の問いは明らかになってこなかった」、「ここで空隙となっている問いを明らかにすることには意義がある」→「本論文のテーマとする」という展開は論文で頻出のパターンです。「これまで〜されてきた（現在完了）」が登場したら、「このあとで研究されていないことが指摘され、それがテーマになる」ことを予想しましょう。

【訳】
　本研究の実務的貢献は 4 点ある。本研究の第 1 の目的かつ貢献は、CSR が顧客価値共創行動にどの程度貢献するのかを明らかにすることだ。この第 1 の目的を持つことで、本研究は CSR が顧客を含む主要ステークホルダーの行動におよぼす影響をテーマにし

た先行研究に新たな知見を加える。これまでの CSR 研究では、顧客満足、信頼、一体感、ロイヤルティといった顧客側の成果との関係が論じられてきたが、CSR が顧客価値共創を活性化させる役割については取り上げられなかった。本研究の第 1 の目的はまた、従来研究されてこなかったテーマである「顧客価値共創の先行要因」という空隙を埋めることにもなる。

The second research aim is to seek an insight into the moderation mechanism of servant leadership for the CSR-customer value co-creation linkage. Besides, most research on relationship marketing has just focused on the role of relationship marketing efforts in enhancing customer relationships such as customer loyalty, thereby increasing seller performance outcomes such as sales growth and profits. Nonetheless, its role in interacting with CSR to enhance customer value co-creation behavior has not been tested.

(Trong Luu,"CSR and Customer Value Co-creation Behavior: The Moderation Mechanisms of Servant Leadership and Relationship Marketing Orientation," *Journal of Business Ethics,* 2017, p.380)

□ insight　知見　　□ enhance　〜を高める　　□ performance　業績
□ sales growth　売上の増大　　□ profit　利益　　□ test　試す、検査する

ここで研究の第 2 の目的が語られます。

そして 2 文目も 3 文目も現在完了形で書かれている、つまり「今もその状態がつづいている」(「これまで論じられてきた」「これまで取り上げられていない」) と示されていることに注意しましょう。

【訳】
　第 2 の目的は、サーバント・リーダーシップが CSR と顧客価値共創の関係に仲介役として作用するメカニズムを探ることである。関係性マーケティングの研究では、ほと

んどの場合、関係性マーケティングが顧客ロイヤルティをはじめとする顧客との関係を向上させ、それによって売上や利益など業績を向上させるという点からおもに論じられてきた。一方で、関係性マーケティングが CSR と相互に作用して顧客の価値共創行動を奨励する役割については、これまで取り上げられていない。

The last contribution of the research is to test the research model, which is grounded on Western management theories, in Vietnam context. Vietnam is an Asian emerging market in the process of transitioning from a centrally planned economy to a market economy; therefore, customers have been increasing their awareness of their role as active partners in the value co-creation process in addition to their traditional role as passive recipients of products or services that the past centrally planned economy shaped.

(Trong Luu,"CSR and Customer Value Co-creation Behavior: The Moderation Mechanisms of Servant Leadership and Relationship Marketing Orientation," *Journal of Business Ethics,* 2017, p.380)

□ ground　〜の基礎となる　　□ context　この場合は「現状、状況」
□ emerge　現れる、浮上する　　□ transition　推移
□ centrally planned economy　中央計画経済　　□ passive　受け身の
□ recipient　受領者

　「先行論文で示されている視点が自国あるいは固有のケースで適用可能か」を検証することは重要な姿勢であると思います。顧客の期待や従業員の意識、組織構造などは文化によって異なりますから、たとえばアメリカにおける調査研究によって効果あり、とされていることが自国では当てはまらない場合もあるでしょう。
　文化の違いについて、centrally planned economy と market economy との対比の形で言及されています。文化という枠組みがマーケティングに与える影響は近年注目されているテーマです。たとえばヘールト・ホフステード（Geert

Hofstede) は「文化の相対尺度」として「権力格差」「個人主義／集団主義」「男性性／女性性」「不確実性の忌避」「長期志向／短期志向」「人生の楽しみ方」を挙げています。エリン・マイヤー（Erin Meyer）が提唱した 8 つのスケール（ハイコンテクスト／ローコンテクスト、ネガティブな評価の仕方、説得の仕方、リーダーとの関係、意思決定、信頼関係の構築、対立、時間感覚）も参考になるでしょう。

【訳】
　本研究の貢献として最後に挙げられるのは、欧米の経営理論に根ざしたモデルがベトナムの現状に適用可能かどうかを調べることだ。ベトナムはアジアの新興市場であり、中央計画経済から市場経済へと移行過程にある。したがって、顧客はこれまで中央計画経済による製品やサービスを受け取る消費者にすぎなかったが、今は価値共創プロセスにおける積極的なパートナーとしての役割も強く意識するようになっている。

Literature Review and Hypotheses Development
Corporate Social Responsibility (CSR)

Corporate social responsibility (CSR) alludes to values and infiltrating values into practice. CSR is integrated with a corporate ethical and moral environment and corporate value system. From Carroll's perspective, CSR covers an organization's obligations to pursue profits, accept social obligations, grow its business, and embed ethical values, which are mapped to instrumental, political, integrative, and ethical theories. Carroll's perspective on CSR is also expressed in CSR pyramid which is composed of four tiers in the upward direction including economic CSR, legal CSR, ethical CSR, and discretionary CSR. This research pursues McWilliams and Siegel's view of CSR as instances where an organization transcends its interests and legal compliance to engage in activities that advance social good.

(Trong Luu,"CSR and Customer Value Co-creation Behavior: The Moderation Mechanisms of Servant Leadership and Relationship Marketing Orientation," *Journal of Business Ethics,* 2017, p.381)

□ literature　文献　　□ allude　それとなく言う
□ infiltrate　浸透させる　　□ obligation　義務　□ cover　〜を包む、おおう
□ embed　埋め込む　　□ instrumental　道具的な　　□ integrative　統合的な
□ compose of　〜を構成する　　□ tier　段階　　□ discretionary　自分の判断でできる
□ transcend　超越する

　CSR に関する先行研究のレビュー（literature review）です。一般に、先行研究レビューのセクションでは、論文のテーマにおいて特に重要な先行研究を取り扱い、テーマや内容等を体系的に紹介していきます。同じテーマの先行研究レビューであっても、著者によって整理のしかたが異なる（どのような面を重視しているかによって異なる）のも注意したいポイントのひとつです。

　英語の表現や文法で特に難しいところはありませんので、CSR 研究についてメモをとって確認しながら読んでいくとよいと思います。

【訳】

先行研究のレビュー

　CSR は価値観および、同価値観を実践している行為を指す。CSR は企業の倫理的環境および価値体系と統合される。 キャロルによれば、CSR によって組織は利益を追求し、社会的義務を受け入れ、事業を成長させる義務を負うほか、道具的、政治的、統合的、倫理的理論にのっとった倫理的価値観もになう。キャロルの CSR 論は 4 層の CSR ピラミッドで示される。このピラミッドは下から上に向かって経済的 CSR, 法的 CSR, 倫理的 CSR、任意の CSR となっている。マクウィリアムとシーゲルによれば、CSR は企業が利益と法的コンプライアンスを超越してソーシャルグッドを前進させる取り組みと見なされる。本研究はその見方を採用している。

Customer participation behavior, which is viewed as required (in-role) behavior vital for successful value cocreation, comprises information seeking, information sharing, responsible behavior, and personal interaction. Customers seek information on the way to perform their tasks as value co-creators. Customers should also share resources such as information for use in value co-creation processes. Additionally, for successful value cocreation between themselves and employees, customers must be responsible, cooperative, abiding by rules and policies, and accepting directions from employees. Effective value co-creation also necessitates personal interaction between customers and employees.

(Trong Luu,"CSR and Customer Value Co-creation Behavior: The Moderation Mechanisms of Servant Leadership and Relationship Marketing Orientation," *Journal of Business Ethics,* 2017, p.381)

□ in-role　役割内の　　□ vital　きわめて重要な　　□ comprise　包む、～から成る
□ additionally　さらに　　□ abide by　（決まりを）遵守する

では、顧客が価値共創に参加するとは具体的にどのような行動を指すのでしょうか。ここで in-role behavior（役割内行動）という概念が登場します。役割内行動とは、義務として明示されている行動です。

【訳】
　顧客参加行動は価値共創の実現に不可欠な（役割内）行動とみられるが、具体的には、情報を収集・共有し、責任ある行動をとり、個人的インタラクションをとることを指す。顧客は価値共創者としてのタスクを遂行しつつ情報を収集する。また情報を含め価値共創プロセスに役立つリソースをシェアする。さらに、従業員との間で価値共創を実現するために、顧客は責任を持ち、協力的で、ルールと方針にしたがい、従業員の指示を受け入れる。効果的な価値共創が行われるためには、顧客と従業員の個人的インタラクションも必要である。

On the contrary, customer citizenship behavior is voluntary (extra-role) behavior that yields extraordinary value to the organization but is not necessarily required for value co-creation. This type of behavior is composed of feedback, advocacy, helping, and tolerance. Feedback embraces solicited and unsolicited information that customers provide for employees, which helps employees and the organization to sustainably improve the service creation process. Advocacy indicates allegiance to the organization and promotion of the organization's interests beyond the individual customer's interests. In the context of value co-creation, helping alludes to customer behavior aimed at aiding other customers. Lastly, tolerance entails customer patience in case of inadequate service delivery, which does not meet the customer's expectations.

(Trong Luu,"CSR and Customer Value Co-creation Behavior: The Moderation Mechanisms of Servant Leadership and Relationship Marketing Orientation," *Journal of Business Ethics*, 2017, p.379)

□ customer citizenship behavior　顧客市民行動　　□ extra-role　役割外の
□ yield　〜を産出する、もたらす　　□ advocacy　擁護、アドボカシー
□ tolerance　許容　　□ embrace　〜を含む　　□ solicit　〜を要請する
□ sustainably　持続可能的に　　□ indicate　〜を示す　　□ allegiance　忠誠
□ entail　〜を必然的に伴う

　顧客市民行動（customer citizenship behavior: CCB）とは、顧客自身が（義務や規則によってでなく）組織全体に益をもたらすような役割（つまり in-role に対する extra-role）をはたすことです。

　アメリカ由来のマーケティングでは、顧客にせよ、従業員にせよ、それが duty, つまり job description（職務の内容を明記したもの）の範囲内かどうかという意識が根底にあります。一般論で言い切るのは粗すぎるとしても、日本的な発想で言えば、「義務かどうかは別にして、組織や他人のためになることを自ら進んで行う」傾向があると考えることもできそうです。日米の発想の違

いに注意するとよいかもしれません。

【訳】
　対照的に、顧客市民行動は自発的な（役割外）行動であり、組織に特別な価値をもたらすが、価値共創にどうしても必要というわけではない。顧客市民行動にはフィードバック、アドボカシー、援助、許容の4種類がある。フィードバックとは、顧客が自分から組織に提供してくれる情報を指す。これによって、従業員と組織はサービス創造プロセスを常に改善することができる。アドボカシーは組織への忠誠であり、顧客が自身の利益よりも企業の利益になるよう行動することを指す。価値共創の文脈において、援助とは顧客から他の顧客に向けられる行動だ。最後に、許容の心を持つと、顧客は提供されたサービスが適切でなく期待にそわなかったとしても、大目に見てくれる。

CSR and Customer Value Co-creation Behavior: From Service-Dominant Logic and Social Identity Perspectives

The relationship between CSR and customer value cocreation behavior can be analyzed through service-dominant logic and social identity approach. Service-dominant logic is a predominant concept in the services industry, providing a crucial marketing theory in which intangible resources, co-creation of value, and relationships are the keys to determining marketing exchanges. In service-dominant logic, the aim is to enhance an organization's value including the value of its relationships with customers, suppliers, and the entire society, leading to a closer alignment between the organization and its multiple stakeholder interests. Service-dominant logic encompasses concepts of the value-in-use and co-creation of value rather than the value-in-exchange and embedded-value concepts of goods-dominant logic. Hence, in lieu of organizations being informed to market to customers, they are encouraged to market with customers, as well as other value creation partners in the organization's value network. CSR, which addresses the interests of stakeholders including customers, may tighten the relationship between customers and the organization as well as influence customers to market with and co-create value with the organization in light of service-dominant logic.

(Trong Luu,"CSR and Customer Value Co-creation Behavior: The Moderation Mechanisms of Servant Leadership and Relationship Marketing Orientation," *Journal of Business Ethics*, 2017, p.381-2)

□ predominant　重要な、卓越した　　□ intangible　不可触の、無形の
□ exchange　交換　　□ alignment　連携　　□ encompass　〜を包含する
□ in lieu of　〜の代わりに　　□ address　取り組む

　このパラグラフでは、value in use（使用価値）と value in exchange（交換価値）のふたつの重要な概念が説明されています。value in use（使用価値）とは、商品そのものにもともと価値があるのでなく、顧客が何らかの状況で使用してはじめて価値が創出される、という考え方です。価値は使用する顧客特有の文脈で決まる、という考え方を value in context（文脈価値）といいます。これらの見方が Service Dominant Logic（サービス・ドミナント・ロジック、SDL）のベースとなります。コト消費の今日において非常に重要な概念です。

　一方で、value in exchange（交換価値）とは企業と顧客の間で交換される価値のこと。交換できる、とは当初から企業（提供者）によって価値が決まっている、ということです。このようにモノにはそれ自体価値が埋め込まれており、その価値は提供者側が決める、買い手はその価値を手に入れるために対価を支払う、という考え方を goods dominant logic（グッズ・ドミナント・ロジック、GDL）でしたね。

　なお、intangible は「無形の、触れることができない」。無形性はサービスの特徴のひとつに挙げられています。ちなみにほかの特徴は「同時性、変動性、消滅性」です。

【訳】

CSR と顧客価値共創——SDL と社会的アイデンティティ理論の観点から

　CSR と顧客価値共創行動は、サービス・ドミナント・ロジック（SDL）と社会的アイデンティティ理論を通じて分析できる。SDL は、サービス産業における支配的概念のひとつである。SDL は重要なマーケティング理論で、交換の質を決定する無形の資源、価値の共創、関係性をもたらす。SDL では、顧客、サプライヤー、社会全体との関係価値を含め組織の総合的価値を高めることを目指し、その結果、組織と各ステークホルダーの利益が符合するようになる。SDL は、グッズ・ドミナント・ロジック（GDL）の基盤にある「価値ははじめからモノに埋め込まれている」という考え方でなく、使用価値と価値共創という概念をベースにしている。すなわち、企業は顧客に対して一方的に何かを売り込むのでなく、そうした営業活動をバリューネットワークにおける価値創造のパートナー（顧客を含む）との共同作業を見なすよう求められる。CSR が顧客を含むステークホルダーの利益に向き合う場合、顧客は SDL 的視点から企業と協力し、価値共創に加わるようになるとともに、顧客と企業の関係性強化につながるだろう。

The role of CSR in engendering attractive, meaningful social identities for customers has been analyzed in light of social identity theory. When customers perceive the values reflected by the organization's activities to be congruent with their own values, identification with the organization increases. From social identity theory perspective, individuals need to distinguish themselves from others in social contexts and thus tend to seek out groups for affiliation that are distinctive on dimensions they value. Therefore, when customers believe that the organization has a configuration of distinctive characteristics such as CSR that they value, they will find that organization an attractive target for identification. When customers perceive that the organization conducts business over and above the legal requirements on a layer of moral and ethics, they are likely to feel esteemed and highly identify with the organization by performing positive behaviors, leading to a positive link between customers' perceived CSR and their pro-organizational behaviors such as value co-creation behavior. This line of discussion based on service-dominant logic and social identity approach leads to the expected positive relationship between CSR and customer value co-creation behavior.

(Trong Luu,"CSR and Customer Value Co-creation Behavior: The Moderation Mechanisms of Servant Leadership and Relationship Marketing Orientation," *Journal of Business Ethics*, 2017, p.382-3)

□ engender　〜を生み出す　　□ congruent　一致する、矛盾のない
□ affiliation　加入、所属　　□ distinctive　際立った　　□ configuration　構造
□ esteem　高く評価する　　□ pro-organizational　組織のために

「自分は何者であるか」を考える際に、「自分がどのような社会集団に属しているか」という自覚を拠りどころにすることがあります。たとえば○○会社の人間である、△△大学の卒業生である、といったことにアイデンティティを求めるということです。これを社会的アイデンティティといいます。

【訳】
　顧客にとって魅力的かつ意味ある社会的アイデンティティを生み出すうえで CSR がはたす役割については、社会的アイデンティティ理論の見地から分析されてきた。顧客は組織活動に反映されている価値観が自身の価値観と一致していると感じると、組織にいっそう親近感をおぼえる。社会的アイデンティティ理論の視点でいえば、個人は社会的文脈において他者と自分を区別する必要があるため、自分が重視する面ですぐれた集団に所属しようとする。したがって、顧客が「この企業は自分が重視する、たとえば CSR といった点で優れている」と思うなら、その企業は自分のアイデンティティを求める格好の対象になるだろう。倫理的に法的義務の範囲を超えて活動している企業であると認識すれば、顧客はこの企業の役に立つ行動を取ることで自尊心が満たされ、強いアイデンティティを感じる。この結果、顧客が CSR をどれだけ認知しているかと、その顧客が価値共創行動のように組織のために取る行動には、正の関係性が生じる。SDL と社会的アイデンティティ理論に基づく一連の議論から、CSR と顧客価値共創行動には正の関係性があることが予測できる。

Relationship Marketing Orientation as a Moderator

The concept "relationship marketing" can be deemed to be a philosophy of doing business effectively, or as a distinct organizational culture/value that places the buyer–seller relationship at the center of the organization's strategic or operational thinking. Relationship marketing alludes to a set of marketing activities oriented to establishing, developing, and sustaining successful relational exchanges. Relationship marketing orientation (RMO) is viewed as "the extent to which a company engages in developing a long term relationship with its customers". An organization with RMO proactively builds and enhances customer relationships. From Sin et al.'s view, RMO consists of six components: trust, bonding, communication, shared value, empathy, and reciprocity.

(Trong Luu,"CSR and Customer Value Co-creation Behavior: The Moderation Mechanisms of Servant Leadership and Relationship Marketing Orientation," *Journal of Business Ethics*, 2017, p.384)

□ deem　～と見なす、思う　　□ philosophy　哲学、原理　　□ effectively　効果的に
□ allude　ほのめかす、言及する　□ proactively　前向きに、積極的に
□ component　構成要素　　□ empathy　感情移入　　□ reciprocity　互恵性

　関係性マーケティングとは、顧客との良好な関係構築を通じて満足度を高め、長期的な利益につなげるアプローチを指します。北欧学派のクリスチャン・グルンルース（Christian Grönroos）らが提唱した考え方ですが、1回1回の取引よりも長期にわたる「おつきあい」を重視する日本の商習慣にはなじみやすいのではないでしょうか。

　ここでは関係性マーケティングについて先行研究のレビューから仮説が導き出されます。

　organizational culture（組織文化）とは構成員に共有されている行動原理や思考様式のこと。エドガー・シャイン（Edgar Schein）によるフレームワーク

ですが、この点については別節（104 ページ）で説明していますので、くわしくはそちらをご参照ください。要点のみいいますと、組織文化とは「人工物」（表面的で、目に見えるもの）、「価値観」（メンバーが組織に対して抱いている価値観）、「基本的仮定」（当然のこととしてあえて言語化されないもの）の 3 層に分かれています。

　empathy は相手の立場に立って感情移入すること。なお、似たような意味合いの単語の sympathy は相手のつらさ、悲しさに思いを寄せて同情すること。compassion とは、相手の苦しみをわかったうえで何とかしてあげたい、と手を差し伸べることです。「共感」はいまマーケティングの領域において（も）もっとも重要なキーワードのひとつとなっています。

　reciprocity は「互恵性、返報性」。人から何かよいことをしてもらったら、お返しをしなければならないと感じることです。

【訳】

モデレーターとしての関係性マーケティング志向

　関係性マーケティングという概念は、事業を効果的に行う原理のひとつとして、つまり買い手と売り手の関係を組織の戦略や現場での方針の中心におく組織文化／価値観としてとらえることができる。関係性マーケティングとは、良好な関係を構築し、展開し、維持することを軸とする一連のマーケティング活動を指す。関係性マーケティング志向（RMO）は「企業が顧客との長期的関係性の発展にどれだけ真剣に取り組むか」と見なすことができるだろう。RMO の組織は顧客との関係性を積極的に構築し強化しようとする。Sin et al. によれば、RMO は信頼、絆、コミュニケーション、価値共有、感情移入、互恵性の 6 つの要素からなる。

The link between CSR and customer value co-creation behavior may be strengthened by the organization's activities to deepen relationship with customers. Relationship marketing orientation can serve as such an enhancer. Viewed as strategic marketing actions designed to build "partial organizational member" mindset in customers and the organization's sustainable relationship with customers, relationship marketing orientation may drive customers to further identify with the organization and its CSR values, and become active participants in the value co-creation process.

(Trong Luu,"CSR and Customer Value Co-creation Behavior: The Moderation Mechanisms of Servant Leadership and Relationship Marketing Orientation," *Journal of Business Ethics*, 2017, p.384)

□ enhancer　高めるもの、向上させるもの
□ design　〜を設計する、考える、〜の目的で作る　　□ partial　部分的な

enhancer は CSR と顧客価値共創の関係をさらに「強化するもの」です。

【訳】
　企業が顧客との関係を深めていくことで、CSR と顧客価値共創の関係はますます強化される。そこで有用なのが RMO だ。RMO は顧客に「自分もある意味、この企業のメンバーなのだ」という意識を持ってもらい、企業が顧客と持続的な関係を構築することを目指す戦略的マーケティング活動と見なされる。そのため、顧客が企業およびその CSR 的価値観に共感し、価値共創プロセスに積極的に関わるよう働きかけると思われる。

With the relationship marketing strategy, a socially responsible organization further invests resources in building a strong relationship with its customers. Receiving increased value through such a relationship with the organization, customers find the relationship crucial and invest effort in reinforcing and sustaining it such as through co-creating value with the organization. Customer value co-creation behavior is also a form of reciprocity from customers that relationship marketing strategy cultivates.

> (Trong Luu,"CSR and Customer Value Co-creation Behavior: The Moderation Mechanisms of Servant Leadership and Relationship Marketing Orientation," *Journal of Business Ethics*, 2017, p.384)
>
> □ invest　投資する　　□ reinforce　〜を強化する　　□ sustain　持続する
> □ cultivate　育む

　先ほど関係性マーケティングの要素として挙げられていた reciprocity（互恵性）について述べられています。この文脈で言えば、企業との心地よい関係に対して、顧客がお返しをしなければと感じ、それが価値共創などの行動につながるというのです。

【訳】
　関係性マーケティング戦略を用いて、社会的責任を果たす（CSR 活動をしている）企業はさらに顧客との関係強化に投資する。企業との関係を通じて得られる価値が増せば、顧客はこの関係が重要と感じ、たとえば企業との価値共創などを通じて十分に手間暇をかけてこれを強化し継続していこうと思う。顧客価値共創行動とは、関係性マーケティング戦略により、企業から受けた価値に対して顧客が報いようとする気持ちの現れといえる。

3 価値共創と顧客市民行動（CCB）

Value co-creation and customer citizenship behavior

Introduction

Tourism and travel experiences "often extend well beyond temporary sojourns and the consumption of place". A holistic experience approach with coordination of the prior, during and after trip phases is critical. This includes customer-to-customer interaction and extra-role positive behavior, like sharing the experience among family, friends, strangers or the company itself.

(Ioannis Assiouras et al., "Value co-creation and customer citizenship behavior," *Annals of Tourism Research*, Volume 78, 2019, p.1)

□ extend　伸ばす　　□ temporary　一時的な　　□ sojourn　滞在
□ holistic　全体論的な　　□ prior　前の

　tourism はもちろん「観光」ですが、文脈によっては「観光」と「ツーリズム」を分けて使用することもあるので要注意です。冒頭の文を直訳しますと「観光と旅行の経験は『時に一時的な滞在と場の消費をはるかに超越する』」。どういうことでしょうか。「一時的な滞在を超越する」とは？　次の文にヒント（答え）があります。その場にいる間だけ考えればよいというのでなく旅行前、旅行中、旅行後、それぞれの段階を一連の流れでとらえ、経験全体として見ることが重要、というわけですね。

　第3文。これには customer-to-customer interaction and extra-role positive behavior が含まれるとあります。customer-to-customer interaction はひょっとすると聞きなれないかもしれません。「顧客から顧客の（CtoC の）インタラクション」という意味です。interaction とは「相互のやりとり」を意味しますが、マーケティングのこうした文脈では一般に「インタラクション」と表記しています。extra-role positive behavior とは、役割外のポジティブな行

動、振る舞い。義務や決められたことでもないのに自発的によい行動をすることです。いまの文脈で具体的にいうと、「旅の経験について家族や友人、他人などに話す」ことです。

【訳】

はじめに

　観光と旅行の経験は「しばしば一時的な滞在と場の消費をはるかに超越する」。旅行の前、旅行中、旅行の後、というそれぞれの段階での経験を視野に入れた総合的アプローチがきわめて重要になる。CtoC のインタラクションと役割外のポジティブな行動、たとえば旅行の経験を家族や友人、見知らぬ人、会社と共有することなどがこれに含まれる。

The global expansion of media tech-savvy travellers urge tourism and hospitality organizations to compete fiercely, not only for tourists' expenditure, but also for aspects of customer citizenship behavior, such as share of voice and mind. To meet this goal, tourism and hospitality organizations are increasingly adopting the logic of value co-creation.

(Ioannis Assiouras et al., "Value co-creation and customer citizenship behavior," *Annals of Tourism Research*, Volume 78, 2019, p.1)

☐ tech-savvy　テクノロジーに精通した　　☐ urge　強く促す
☐ fiercely　激しく　　☐ expenditure　出費　　☐ adopt　〜を採用する

　このくだりは、旅行に関する知識、経験をフルに生かしましょう。旅行に行く場合、SNS などのテクノロジーを駆使し、たとえば口コミなど事前にチェックすることはいまでは一般的になりました。その結果が urge 以下に書かれています。観光会社は旅行者にお金を使わせることばかりでなく、customer citizenship behavior の面にも力を入れるべきだ、というのですが、customer citizenship behavior（CCB）とは何でしょうか。後に詳述しますが簡単に説

明すると、顧客が（頼まれずに）自ら進んでする行為で、会社にとってプラスに働くようなことを指します。前のくだり（SNSの世界的普及という事情）を考えれば、顧客が旅行後によい口コミや経験談を投稿してくれる（つまりこれがCCBですね）ように努力することが求められている、と解釈すればよいでしょう。

the logic of value co-creation は「価値共創のロジック」。価値共創については、前節までの説明をご参照ください。

【訳】
　メディア関連のテクノロジーに精通した旅行者が世界的に増えたことで、観光・ホスピタリティ企業は、旅行者にお金をいかに使わせるかといった面で競争するだけでなく、顧客市民行動をさせよう、たとえばよい口コミや建設的な意見をシェアしてもらおうとしてしのぎを削る。この目標を遂げるために、価値共創のロジックを取り入れる観光・ホスピタリティ企業が増えている。

The primary goal of this research is to explore the strength of association between the dimensions of value co-creation (co-production and value-in-use) and travellers' willingness to engage in customer citizenship behavior in future encounters with the hospitality and tourism organization and other travellers as well. This paper adopts social exchange theory to take a closer look at the two-way interactions between guests and tourism and hospitality service providers (e.g. micro-level of service ecosystem). It explores the possible 'give and take' – reciprocal character, which is of critical importance in the tourism and hospitality context.

(Ioannis Assiouras et al., "Value co-creation and customer citizenship behavior," *Annals of Tourism Research*, Volume 78, 2019, p.2)

□ coproduction　共生産　　□ association　　関連性
□ willingness　進んで〜すること　　□ reciprocal　相互の

　論文の introduction では（前の「重要性（取り上げる理由）」「先行研究にない部分」を説明した後で）「本研究の目的」を述べます。一般にこの部分ははっきりと（「目的は〜」というように）書かれることが多いです。特に論文になれないうちはこの表現を目印にすると読みやすいでしょう。

　本 研 究 の 第 1 の 目 的 が the strength of association between the dimensions of value co-creation …に書かれています。シンプルにいえば「旅行者が自ら CCB をしようとすることと、価値共創はどのような関連があるか」となります。（この「価値共創」や「CCB」にいろいろな説明が付されていますが、まずは骨組みから考えていくとよいと思います。）

　次に、前で明記されたテーマについてどのようなフレームワークを用いるかが書かれています。social exchange theory（社会的交換理論）はマルセル・モース（Marcel Mauss）、クロード・レヴィ＝ストロース（Claude Lévi-Strauss）、ブロニスロウ・マリノフスキー（Bronislaw Marinowski）ら人類学者による研究をベースとして、「アクター（個人・集団）は資源を交換しあい、互いに貸借のバランスをとるように行動する」と考える理論です。この重要な概念となるのが reciprocity（互恵性）です。前のセクションにも出てきました。他人からよいことをされたら、お返ししたくなりますね。two-way interaction や give and take という表現からもイメージできるでしょう。

　細かいことですが、between guests and tourism and hospitality service providers の部分の and に注意してください。between guests and / tourism and hospitality service provider であって、between guests and tourism / and hospitality service provider ではありません。この文脈ではわかりやすいですが、A and B and C と並ぶと、つい前から読んで A and B で切りがちです。

【訳】
　本研究の主要な目的は、価値共創の特徴（共同生産と使用価値）と、旅行者が今後ホスピタリティ・観光企業やほかの旅行者と出会う場面で進んで CCB をしようとすることに、どのような関連があるかを探ることである。本論文では社会交換理論を用いて、

ゲストと観光・ホスピタリティ企業の従業員との双方向のインタラクションについて考えていく。そして起こりうる「ギブ・アンド・テイク」、つまり観光・ホスピタリティの文脈で重要な意味を持つ互恵性の特徴を明らかにする。

Customer citizenship behavior is defined as *"voluntary and discretionary behaviors that are not required for the successful production or delivery of the service but that, in the aggregate, help the service organization overall"*. Customer citizenship behavior pertains to extra-role behaviors that include actions towards other customers, employees and/or firms. Yi and Gong argue that customer citizenship behavior has four dimensions: feedback (customer information directed to the employees); advocacy (recommending the firm to others, third parties, etc.); helping (provision of assistance from customer to customer) and tolerance (customer readiness to show patience in case of service failure). In the tourism and hospitality context, customer citizenship behavior may pertain to the case of a tourist who might share a positive experience (e.g. friendly hotel staff) with friends and relatives (offline or online). They may write positive reviews using online platforms (e.g. TripAdvisor) and even provide useful and creative ideas on how the check-in process might be improved. They can also create electronic word of mouth and induce user generated content that can support the competitiveness of the organization.

(Ioannis Assiouras et al., "Value co-creation and customer citizenship behavior," *Annals of Tourism Research*, Volume 78, 2019, p.2)

□ discretionary　一任された、自分の裁量で使える　　□ aggregate　集合体
□ pertain　付属する、付随する　　□ recommend　推薦する
□ provision　提供　　□ readiness　用意ができていること、進んで行うこと

| □ word of mouth　口コミ | □ induce　勧誘する、仕向ける | □ generate　〜を生む |

　CCBの定義から確認しておきましょう。まずは顧客自身の判断による自主的な行動であること。サービスの生産や提供が成果をあげるのに必須ではないものの、全体でみると会社（サービスを提供する会社）の役に立っている、ということです。CCBの具体的な内容についても記述があります。旅行から帰ってきて「あのホテルのサービスはよかったよ」と人に話す、ネットによい口コミを書くなどです。

【訳】
　CCBは「満足されるサービスを生産・提供するために必須というわけではないが、集合体としてサービス組織全体を助ける、顧客自身の判断による自主的な行動」と定義される。CCBは、ほかの顧客、従業員、会社に対する行動を含む役割外の行動に関わる。イとゴンは、CCBにはフィードバック（従業員にむけた意見の提供）、アドボカシー（他人やほかの組織に会社を推薦する）、援助（ほかの顧客への手助け）、許容（サービスがうまくいかなくても顧客が寛容な態度を取る）の4つの次元があると論じる。観光・ホスピタリティの文脈において、旅行者が楽しかった経験（ホテルのスタッフの感じがよかった等）を友人や親戚に（リアルで、またオンラインで）話すのは、CCBの例であるといえる。ウェブのプラットフォーム（TripAdvisorなど）に好意的なレビューを書いてもらえることもあれば、チェックインの手順について創造的で役に立ちそうな意見を寄せてもらえることもある。ネット上によいコメントを書いてもらったり、自社の優位性維持に有用なコンテンツを顧客に作成してもらえたりすることもある。

In the tourism and hospitality industries, the majority of studies focus on employee citizenship behavior. For instance, Nadiri and Tanova examine the relationship of organizational justice with organizational citizenship behavior, turnover intentions, and job satisfaction. Yet, the construct of customer citizenship behavior has not been well investigated from the tourist's perspective. There are few studies that explore some of its antecedents such as loyalty, emotional experience and some consequences like guest satisfaction, loyalty, and perceived value in differing contexts such as package tour and destination marketing. However, some customer citizenship behavior dimensions have been investigated separately in different studies. For example, advocacy has been investigated in numerous studies with the resultant findings showing its positive impact on increasing hotel occupancy rates.

(Ioannis Assiouras et al., "Value co-creation and customer citizenship behavior," *Annals of Tourism Research*, Volume 78, 2019, p.2)

□ turnover　離職率、離職者数　　□ construct　組み立てる
□ investigate　調査する　　□ antecedent　〜に先立つ
□ destination　目的地　　□ occupancy rates　稼働率

　先行研究の紹介が続きます。観光・ホスピタリティ産業でポイントになるのは従業員の citizenship behavior（CB）です。organizational citizenship behavior（OCB、組織市民行動）とは、従業員が自主的に職務の範囲外の仕事をすることで、それによって組織の機能が向上するような行為を指します。

　先行研究を紹介した後で、「先行研究で十分論じられていない部分」について指摘しています。論じられていない部分は本研究の目的にもつながるので、ていねいに読んでいきましょう。

　これまでの研究から「十分でない」テーマとして挙げられているのは、「旅行者の視点から CCB の構成概念を探る研究」ですね。

　なお destination marketing（ディスティネーション・マーケティング）とは、観光の目的地が旅行者を呼び入れ、地域の企業などが収益を得られるようマーケティングを行うことを指します。

【訳】
　観光・ホスピタリティ産業に関しては、従業員の市民行動に焦点をあてた研究が大多

数である。たとえば、Nadiri and Tanova は組織の公平性と OCB（組織市民行動）、従業員の離職意思、仕事への満足度との関係について考察する。他方、CCB がどのように形成されるか、旅行者の視点に立った研究は十分されつくされているとはいえない。ロイヤルティ、感情的経験といった先行要因や、顧客満足、ロイヤルティ、知覚価値といった結果をパッケージツアーやディスティネーション・マーケティングなどの文脈で明らかにする研究も非常に少ない。しかしながら、すでにさまざまな角度から研究が進められている分野もある。たとえば、アドボカシーは多くの研究で取り上げられ、ホテルの稼働率に対してプラスの影響を示すことがわかっている。

In the tourism and hospitality context, both empirical and theoretical insights confirm the importance of value co-creation. The role of value co-creation is deemed both critical and complex in the tourism and hospitality context. This is because value co-creation exists before, during and after the trip and embraces a social interactive format (e.g. with other guests, front-line employees, managers, family members). The degree of co-creation has a positive relationship with customers' evaluations of new services and positively influences their willingness to pay. Employees' positive psychological capital is related to value co-creation; and customers' information and emotional participation in services is related to employees' innovative behavior.

(Ioannis Assiouras et al., "Value co-creation and customer citizenship behavior," *Annals of Tourism Research*, Volume 78, 2019, p.3)

□ empirical　実証的な　　□ confirm　確かめる　　□ deem　考える、みなす

positive psychological capital（ポジティブ心理資本）とは人のポジティブな心理に焦点をあてた考え方で、自己効力感、楽観主義、希望、レジリエンスの 4 つの要素からなります。「資本」という発想でとらえている点が「らしい」かもしれません。

【訳】

　観光・ホスピタリティの領域では、実証研究と理論的研究の双方において価値共創の重要性が指摘されている。観光・ホスピタリティの文脈において価値共創は重要かつ複雑な役割をはたすと見なされる。旅行の前、旅行中、旅行の後で価値共創が起こるうえ、（ほかのゲスト、現場の従業員やマネジャー、家族などとの）社会的インタラクションの影響を受けるからである。価値共創のレベルは、顧客が初めて経験するサービスに下す評価に正の関係性があり、進んで支払う気持ちにも正の影響をおよぼす。価値共創には、従業員のポジティブ心理資本がかかわっている（従業員が前向きに仕事をするために重要である）。顧客が情報を共有しサービスを心から楽しんでくれるならば、従業員はマニュアルにないすぐれたサービスを提供するようになる。

以下、さらに読み込んでいきましょう。

The study also identifies that value co-creation has strong correlation with guest satisfaction. The satisfaction is then associated to guests' willingness to engage in customer citizenship behavior. We identify that satisfaction can possibly play the role of complementary mediator in the relationship of value co-creation and willingness to engage in customer citizenship behavior, as well. The "give and take" aspect of social exchange theory can depend on the balance between costs and benefits, as already argued in other contexts. Hotel guests can possibly reward hospitality organizations that provide excellent value and satisfy them with the offered value co-creation process. The reward is not necessarily related to personal intention to return or actual repurchase intention but with the possible dimensions of customer citizenship behavior such as positive word of mouth, feedback, assisting other customers, participation in online hotel activities.

(Ioannis Assiouras et al., "Value co-creation and customer citizenship behavior," *Annals of Tourism Research*, Volume 78, 2019, p.7)

□ correlation　相互関係、相関関係　　□ complementary　補完的な
□ mediator　仲介者　　□ repurchase　再購入する

【訳】
　この研究は価値共創と顧客満足の強い相関関係も明らかにする。そして、顧客満足は顧客が CCB に進んで参加しようとする気持ちにもつながり、顧客満足が価値共創と CCB の参加意欲の関係において仲介者的な役割をはたすことも指摘する。社会交換理論の「ギブ・アンド・テイク」は、ほかの文脈でも論じられるように、コストと利益のバランスに左右される。宿泊客はすぐれた価値を提供してくれ、価値共創プロセスで満足させてくれたホテルにお返しをすることもある。このお返しが再来店や再購入に直結するとは限らないが、ポジティブな口コミや建設的なフィードバックをしたり、ほかの客を手助けしたり、ホテルのウェブサイト企画に参加したりすることが期待できる。

Practical implications

Tourism and hospitality organizations should encourage and formulate co-creation processes based on the "give and take" characteristic (social exchange theory) in their relationship with tourists, given that there is probably strong association between value co-creation, guest satisfaction and willingness to engage in customer citizenship behavior. Significant relationships with tourists are developed where there is an exchange of activities and value is being co-created. To maximize the benefit of co-creation, information should be shared and data on preferences should be collected and analyzed. Willingness to engage in customer citizenship behavior and its outcomes are only a few areas from which tourism and hospitality organizations may benefit. These outcomes often include a combination of constructive customer feedback, helping behavior towards other tourists, positive word-of mouth and overall tolerance in the case of lower levels of future satisfaction with the service provision.

(Ioannis Assiouras et al., "Value co-creation and customer citizenship behavior," *Annals of Tourism Research*, Volume 78, 2019, p.7)

☐ formulate　明確に説明する、考案する　　☐ preference　好み

【訳】

実践的インプリケーション

　価値共創、顧客満足と CCB の意欲との間に強い関連性があるとすれば、観光・ホスピタリティ企業は、旅行者との関係においてギブ・アンド・テイクをベースにした共創プロセスを促進すべきである。旅行者との関係は、活動が交換され、価値が共創されることで生じやすくなる。共創による利益を最大化するため、情報を共有し、顧客の好みについてのデータを収集し、分析する必要がある。旅行者が自ら進んで CCB をするならば、さまざまな成果がもたらされ、企業側が恩恵を受ける。たとえば、旅行者が役に立つフィードバックをしてくれる、ほかの旅行者に手を貸してくれる、ポジティブな口コミをしてくれる、この先サービスに不手際があった際にも大目に見てもらえる、といったことが期待できる。

According to the results of this exploratory study, organizations should provide opportunities for guests to express their desires or participate in the co-creation process. The various touchpoints and considerable interactions in the tourism and hospitality context offer the ideal platform for co-production. Value-in-use can flourish through engaging customers in the joy of co-creation. Tourism and hospitality organizations therefore should engage with their visitors before, during and after the travel experience, to understand their preferences, desires and prerequisites, and encourage a dynamic dialog in real-time, whilst the co-creation takes place.

(Ioannis Assiouras et al., "Value co-creation and customer citizenship behavior," *Annals of Tourism Research,* Volume 78, 2019, p.7)

□ exploratory　調査の　　□ touchpoint　タッチポイント (顧客と企業の接点)
□ prerequisite　あらかじめ必要な　　□ flourish　繁栄する

【訳】
　本研究の結果から考えると、観光企業はゲストが希望を表明したり、共創プロセスに参加したりできる機会を提供すべきである。観光・ホスピタリティにおけるさまざまなタッチポイントとインタラクションは、価値の共同生産にとって理想的なプラットフォームとなる。顧客が共創の喜びを味わうことによって、使用価値は深まる。観光・ホスピタリティ企業は旅行の前、旅行中、旅行後の各段階で顧客にかかわり、顧客の好みや希望、必要条件などを理解しようとすべきである。また価値共創の間は、決まりきったパターンでなく臨機応変なやりとりがリアルタイムでなされるよう工夫するべきである。

Sharing of tourists' knowledge with tourism and hospitality organizations is critical in the value co-creation process. Researchers agree that innovation depends on knowledge sharing within tourism networks. Tourism and hospitality organizations should provide the necessary processes and platforms for the guests to procure dynamic feedback. They should instantly share their knowledge within their ecosystem in order to improve the value co-created from the services in real time. These processes, procedures and platforms should facilitate the advocacy as well as the assistance of other guests and ensure agile management, where everything is constantly improving.

(Ioannis Assiouras et al., "Value co-creation and customer citizenship behavior," *Annals of Tourism Research*, Volume 78, 2019, p.7)

□ procure　獲得する　　□ ecosystem　エコシステム（生態系）
□ procedure　手続き　　□ agile　機敏な

【訳】
　観光・ホスピタリティ企業と旅行者が知識を共有することは、価値共創プロセスにおいてきわめて重要である。先行研究によると、イノベーションにおいては観光ネットワーク内での知識のシェアが決め手となる。観光・ホスピタリティ企業は、顧客がフィードバックを即時に提供しうるプロセスとプラットフォームを用意すべきである。エコシステム内で情報がすぐに共有されれば、リアルタイムでサービスからの共創価値が高まる。こうしたプロセス、手続き、プラットフォームがあれば、アドボカシーが起こりやすく、客同士の助け合いが生まれやすくなる。経営側からの反応も迅速になり、あらゆることが絶えず改善される。

第 2 章

インターナル・マーケティング
とホスピタリティ

1 サーバント・リーダーの機能

The Function of a Servant Leader

Discussion

The final stage of this systematic literature review was to interpret the findings in a meaningful way. This section consolidates the findings in terms of the characteristics, competencies, and outcomes of a servant leader into two main performance areas of a servant leader, namely (1) strategic servant leadership and (2) operational servant leadership.

(Michiel Frederick Coetzer et al., "The Functions of a Servant Leader," *Administrative Sciences*, Vol. 7, Issue 1, 2017, p.12)

□ systematic　体系立てられた　　□ interpret　解釈する
□ findings　発見物（調査結果）　　□ consolidate　整理統合する、合併する、まとめる
□ competence　能力、コンピテンス　　□ outcome　成果、結果

　サーバント・リーダーシップ（servant leadership）とはロバート・グリーンリーフ (Robert Greenleaf) が提唱した概念です。上から部下を押さえつけ、コントロールしようとするのでなく、あるいはアメとムチで成果をあげさせるのでもなく、部下に寄り添い、おのおのの力を引き出すリーダーシップを指します。共感をもって相手の声に耳を傾けようとするイメージです。現在ではアカデミックな議論以外にも、企業のリーダーシップ研修等に導入されています。「サーバント・リーダーシップ」の概念が登場する前提として、「取引型リーダーシップ」（transactional leadership）と「変革型リーダーシップ」（transformational leadership）が存在します。取引型リーダーは明確な役割をフォロワーに指示し、アメとムチを使い、タスクをできるだけ速やかにかつ確実に遂行することに重点を置きます。変革型リーダーは組織が危機に置かれたとき、ビジョンを掲げ、熱意をもってフォロワーを動かそうとします。

これに対して、サーバント・リーダーはフォロワーの声に耳を傾け、フォロワー自身の気づきを通した主体的な成長を重視します。

日本の組織におけるリーダーシップとの比較やこの概念の適用可能性などについて考えながら読んでいくと、気づきが深まると思います。

英文は比較的平易で読みやすく、構成もシンプルです。マーケティング専門用語もあまり出てきません。時々、抽象的で日本語に訳しにくい概念に遭遇するかもしれませんが、前後に説明が施されていることが多いので安心してください。

ここでは、consolidate...into ～（…を整理統合して～にする）の構文に注意しましょう。

ここで取り上げた英文は discussion のセクションですが、本論文では 2000 年から 2015 年の間に発表された学術論文から、サーバント・リーダーシップの特徴として挙げられている要素を明らかにしています。そのため先行研究の体系的なレビュー（systematic literature review）が重要な位置を占めています。

先行研究レビューで得られた調査結果の解釈として、ここではサーバント・リーダーを (1) 戦略的サーバント・リーダーシップ (2) オペレーショナル・サーバント・リーダーシップに分類していきます。「オペレーショナル」は訳が難しいですが要は「現場で動く」タイプのことです。定訳ではありませんが、訳文では「現場型」としてみました。

【訳】

ディスカッション

先行文献を体系的にレビューしてきたが、最終段階として、調査結果を解釈し重要な点を明らかにしていく。本節はサーバント・リーダーの特徴、コンピテンシー、成果の点から、調査結果をサーバント・リーダーのふたつの主要な活動形態、すなわち (1) 戦略的サーバント・リーダーシップ、(2) 現場型サーバント・リーダーシップに分けて整理する。

Strategic servant leadership is divided into two main functions, namely (1) to set, translate and execute a higher purpose vision and (2) to become a role model and ambassador. These two functions are described in accordance with the study results.

(Michiel Frederick Coetzer et al., "The Functions of a Servant Leader," *Administrative Sciences*, Vol. 7, Issue 1, 2017, p.12)

□ execute　実行する、達成する
□ ambassador　アンバサダー（いわゆるブランドの「広告塔」的役割）
□ in accordance with　〜に従って

戦略的サーバント・リーダーシップのふたつの機能が示されています。
(1) 高次の目的ビジョンを設定し、翻訳し、遂行する
(2) ロールモデルかつアンバサダーとなる
　のふたつです。

【訳】
　戦略的サーバント・リーダーシップがはたす役割は大きく分けてふたつある。すなわち
(1) 高次のパーパスに基づくビジョンを設定し、わかりやすく翻訳し、遂行する
(2) ロールモデルとなり、アンバサダーとなる
　このふたつの機能を研究結果に沿って説明していく。

One of the servant leadership competencies identified by the results was to set a compelling vision for an organisation. This competency was described in the literature as conceptualising a higher vision, linking past events and current trends with potential future scenarios, and creating value for the community. It is important to note that this vision consists of three major components, namely (1) a higher purpose; (2) value creation for the community; and (3) linking the past, present and the future.

(Michiel Frederick Coetzer et al., "The Functions of a Servant Leader," *Administrative Sciences*, Vol. 7, Issue 1, 2017, p.12)

□ compelling　強制的な、抵抗できない、人をひきつける、説得力のある
□ conceptualise　概念化する　　□ potential　可能性がある、潜在的な
□ component　構成要素

　第2文 competency とは、単に「何かができる能力」というよりも、成果や成功を得るために必要なスキル、行動特性、具体的な能力を指します。ビジネスでは「コンピテンシー」とそのままカタカナで使うことも多いです。ここで in the literature と書かれているのは、（すでに何度か出てきましたが）本論文が調査した先行研究のことです。

　サーバント・リーダーシップの能力としてまず挙げられているのが、組織にむけて説得力あるビジョンを設定することです。先行研究では、高次のビジョンを概念化すること、過去の出来事と現在のトレンドを将来起こりうるシナリオに結びつけること、コミュニティのために価値を創造することとして示されています。purpose はいうまでもなく「目的」ですが、現在、企業の purpose（パーパス）というと、より踏み込んで「高次の存在意義」を意味し、そもそも会社は何のために存在するのか、という社会貢献的ニュアンスで用いられます。

【訳】
　結果から明らかになったサーバント・リーダーシップのコンピテンシーのひとつは、誰もが従いたくなる組織のビジョンを設定することである。先行文献においてこのコンピテンシーは、高次のビジョンを概念化すること、過去の出来事と現在のトレンドを将来起こりうるシナリオに結びつけること、コミュニティのために価値を創造することとして説明されている。このビジョンが3つの主要な要素、すなわち
(1) 高次の目的
(2) コミュニティのための価値創造
(3) 過去、現在と将来をつなげること

から成ることに注目したい。

A higher purpose vision is worthless without translating and executing it. It is vital for a servant leader to translate the vision into workable goals that is clearly understood by followers. This process involves translating the vision into a mission, strategy, and practical goals. It also includes designing the capacity and capability frameworks as well as processes, policies, and systems to support the vision, mission, and strategy. A capacity structure refers to the type and number of positions required to execute the strategy, whereas the capability framework means the skills, knowledge and attributes (competencies) required to achieve the strategy. Processes refer to the business procedures and value chains of each function within the organisation. Policies are the organisational policies or standards that govern organisational practices while systems are the information or technological systems required to achieve the vision, mission, and strategy.

(Michiel Frederick Coetzer et al., "The Functions of a Servant Leader," *Administrative Sciences*, Vol. 7, Issue 1, 2017, p.12)

□ worthless　価値のない　　□ execute　実行する　　□ workable　実行可能な
□ follower　フォロワー、部下　　□ mission　ミッション、任務
□ practical　実際の　　□ attribute　特質　　□ procedure　手続き、手順

　高次の目的ビジョンを設定しても、組織のメンバーにその意味を伝え、実際に遂行しなければ意味がありません。そこで、サーバント・リーダーがビジョンを達成可能な目標として翻訳し、フォロワーがはっきり理解できるようにすることが必要となります。

　capacity と capability の違いですが、本文によると、capacity は「戦略を

遂行するのに必要なポジションの種類と数」を指し、capability は「戦略を成し遂げるのに必要な技術、知識、コンピテンシー」を指します。それぞれを「遂行能力」と「達成能力」と訳しておきます。

　一般に capacity は「今、何かを実施する能力」（どこまでできるか、capability はより総合的な視点で、将来的に何かを成し遂げるうえで有用な能力）を指すことが多いようです。経営学で capability というと、成長につながる組織としての能力を指します。

【訳】
　高次のビジョンを設定したとしても、意味をかみ砕いて伝え、遂行しなければ意味がない。サーバント・リーダーは、ビジョンをフォロワーがはっきり理解できる達成可能な目標に翻訳することが求められる。このプロセスには、ビジョンをミッション、戦略、実務的目標に翻訳することが含まれる。ビジョン、ミッション、戦略の３つを達成するためのプロセス、ポリシー、システム同様、遂行能力および達成能力のフレームワークを設計する必要がある。遂行能力とは、戦略を遂行するのに必要なポジションの種類と数を指し、他方、達成能力は戦略をやり遂げるのに必要な技術、知識、特質（コンピテンシー）を意味する。プロセスとは、組織における各部門の業務遂行の手続きやバリューチェーンのことだ。ポリシーは業務運営上の方針あるいは基準である。システムとはビジョン、ミッション、戦略を完遂するのに必要な情報、あるいは技術システムである。

Two servant leader characteristics identified by the results were altruism and courage. Altruism was described in the literature as being others orientated, selfless, having the desire to help others become better in life, and making a positive difference in the organisation and society. For a servant leader to set, translate, and execute a higher purpose vision effectively he or she needs to put the interest of others above his or her own and diligently serve others to become better individuals, organisations, and societies. The desire to serve others and make a positive difference is engrained in a servant leader's character. Without this characteristic, leaders may set an egocentric or selfish vision focusing on self-advancement instead of creating value for the community. Hence, a higher purpose vision can only be set when a leader has altruism. Courage, on the other hand, was described by the results as being open to take calculated risks, standing up for what is morally right, and having high ethical conduct. A willingness to take calculated risks may become apparent when linking past events and present trends with future scenarios while creating a compelling vision. Portraying ethical conduct and standing up for the interest of others also become important when serving the needs of others (employees, customers, and community). Without the courage to stand up for what is right and aim to do things ethically to the best interest of others, employees or a community might become victims of destructive outcomes caused by selfish leaders. Courage is therefore a necessary trait to set, translate, and execute a compelling vision.

In summary, a servant leader applies courage and altruism to set, translate, and execute a compelling vision to the benefit of employees, the organization, and society.

(Michiel Frederick Coetzer et al., "The Functions of a Servant Leader," *Administrative Sciences*, Vol. 7, Issue 1, 2017, p.13)

☐ altruism　利他主義　　☐ others orientated　他人志向の
☐ effectively　効果的に　　☐ diligently　熱心に、勤勉に
☐ engrained　沁みついた、根差した　　☐ self-advancement　私利の追求
☐ egocentric　自分本位の　独りよがりな　　☐ calculate　計算する、予測する
☐ stand up for　守る　　☐ ethical　倫理的な　　☐ victim　犠牲者

　調査結果から明らかになったサーバント・リーダーのふたつの特徴、利他主義と勇気について説明されています。

　For a servant leader to set, translate, and execute a higher purpose vision effectively he or she needs to put the interest of others above his or her own and diligently serve others to become better individuals, organisations, and societies, とあります。 ここでは基本的なことですが、for 人＋ to 不定詞の場合「人」は動詞の主語にあたることを思い出しましょう。「サーバント・リーダーが〜するためには」he or she needs からが文の主語と動詞です。サーバント・リーダーが高次のビジョンを効果的に設定し、その意味を分かりやすく伝えるためには、他人の利益を自分の利益より優先させ、相手がよりよい人、組織、社会となるように、心から奉仕することが重要です。

Hence, a higher purpose vision can only be set when a leader has altruism ですが、こうした高次のビジョンは、リーダーが利他主義を持ってはじめて設定されます。can only be set when 〜の部分の訳しかたに気をつけてください。

ではもうひとつの特徴である勇気はどうかというと、堂々たる態度で、予測されたリスクを負い、道徳的に正しいことを守り、正義のために立ち上がることとして説明されています。（ここの構成は段落の前半 altruism の部分とほぼ同じですね。）

In summary でパラグラフをまとめています。要するに、サーバント・リーダーとは、従業員、組織、社会の利益を考えて、勇気と利他主義の精神をもって力あるビジョンの設定、翻訳、遂行に取り組むリーダーである、ということです。

【訳】
　こうした結果によって明らかになったふたつのサーバント・リーダーの特徴に、利他主義と勇気がある。先行文献において、利他主義は、他人指向、無私、他人が人間的成長を助けたいと思うこと、組織や社会にポジティブな効果を与えるものと認識されている。サーバント・リーダーが高次のビジョンを効果的に設定し、わかりやすい目標として活性するには、自分の利益よりも他人の利益を重んじ、心から相手に奉仕し、人も組織も社会もよいものにしなければならない。他人に奉仕し、よい影響を与えたいという思いは、サーバント・リーダーに不可欠である。この思いがなければ、リーダーは自分本位もしくは利己的なビジョンを掲げるだけで、コミュニティの価値創造をはかろうとしないかもしれない。したがって、高次のビジョンが設定されるには、リーダーは利他主義の立場を取る必要がある。一方、各調査結果によれば、勇気とは堂々たる態度で予測されるリスクを負い、倫理的行動を取るとともに道徳的に正しいことを支援すること

であるとされる。どのリーダーが予想されるリスクをどれだけ進んで負うつもりである
かは、説得力あるビジョンを創造し、過去の出来事と現在のトレンドを将来のシナリオ
に結びつけようとするときに明らかになる。倫理的行動を示し、他人の利益を守ることも、
他人（従業員、顧客、コミュニティ）のニーズを満たすうえで重要だ。正しいことを守
りぬく勇気がなければ、他人の最大の利益のために物事を倫理的に行おうとする意志が
なければ、従業員あるいはコミュニティは、利己的なリーダーがもたらす不幸な結果の
犠牲となる。それゆえに説得力あるビジョンを設定し、翻訳し、実行するうえで、勇気
が必要だ。要するに、サーバント・リーダーは勇気と利他主義をもって説得力あるビジョ
ンを設定し、翻訳、遂行し、従業員、組織、社会に寄与しなければならない。

The literature also identified authenticity and humility as servant
leadership characteristics. Authenticity was described by the re-
sults as showing one's true identify, intentions, and motivations,
being open to learn from criticism, and having consistent behaviour.
Humility, on the other hand, was defined by the results as stability,
modesty, high self-awareness, openness to learn, and viewing one's
own talent appropriately. Four general principles or practices are de-
scribed in these definitions, namely:
(1) Self-knowledge　(2) Self-management　(3) Self-improvement
(4) Self-revealing
(Michiel Frederick Coetzer et al., "The Functions of a Servant Leader," *Adminis-
trative Sciences*, Vol. 7, Issue 1, 2017, p.13-4)

□ authenticity　真正性　　□ humility　謙虚　　□ criticism　批判
□ consistent　一貫した　　□ stability　安定性　　□ modesty　控え目、慎み深さ
□ appropriately　適切に

　先行文献レビューの結果明らかになったほかの特徴、authenticity と謙虚さ
についてです。この authenticity も訳しにくいですね。「本物であること」「信
憑性」といった意味もありますが、一般的に「人」についていう場合は「嘘が
ないこと、信頼できること、誠実さ」を意味します。ここでは、書かれている

とおり「自分の真の姿、意図、動機をさらけ出すこと、批判から学ぶこと、一貫した態度をとること」と考えればよいでしょう。平たく言えば「飾らずに自分をさらけ出す」イメージです。

　他方、謙虚さはより内省的で、自己認識力を持ち、知らないことは進んで学ぶ姿勢、自分の能力を過大評価せずしっかり見極めることなどが示されています。

【訳】

　先行文献でも、サーバント・リーダーの特徴として、自分らしくあることと謙虚であることが挙げられている。調査結果によれば、自分らしくあることとは、真のアイデンティティ、意図、動機を示すこと、批判から学ぶこと、一貫した態度をとることだ。一方で謙虚であることとは落ち着きをもって、慎み深いこと、自己認識力を持つこと、知らないことであれば進んで学ぼうとすること、自らの才能を正しく見極めることと定義される。こうした定義には、4つの基本原則が示されている。すなわち

1) 自らを知る
2) 自らを管理する
3) 自ら成長する
4) 自らを隠さず示す

ということである。

Another servant leadership characteristic highlighted by the results was integrity. Integrity was described as being honest, fair, and ethical, having strong moral principles, and creating an ethical work climate. Servant leaders do things legitimately, treat others fairly, and portray high levels of honesty. A servant leader should role model these behaviours and should influence followers accordingly. Hence, another objective of a servant leader can be to "stay within the rules" which relates to being ethical and portraying high levels of integrity.

(Michiel Frederick Coetzer et al., "The Functions of a Servant Leader," *Administrative Sciences*, Vol. 7, Issue 1, 2017, p.14-15)

☐ highlight　〜を強調する　　☐ integrity　誠実、完全性　　☐ fair　公平な
☐ work climate　職場風土　　☐ legitimately　合法的に
☐ accordingly　適切に、それに応じて、その結果　　☐ stay within the rules　法規を守る

　調査結果によって明らかになったサーバント・リーダーシップのもうひとつの特徴は、integrity です。本文では、integrity とは「正直、公平、倫理的で、強いモラル主義を持ち、倫理的職場風土を創ること」と説明されています。integrity そのものが「清廉」「高潔さ」「正直さ、誠実さ」「全体性、完全性」など、訳しにくい単語です。ピーター・ドラッカー（Peter Drucker）の『マネジメント』（*Management*）に「経営者にもっとも必要なものは integrity である」という主旨の有名な言葉があります。通常は「真摯さ」と訳されますが、一語で言い表わすのはなかなかむずかしいです。

　なお、work climate（organizational climate とも）は「組織風土・職場風土」と訳されます。「組織文化」（organizational culture) とは異なる概念です。組織文化は組織の価値観や規範を指し、創業者やリーダーが意識的に創るものとされます。これに対して組織風土では価値観や規範を扱いません。人間関係などに根差した、いわゆる「雰囲気」が近いと言えます。ただし、両者を厳密に分けないケースも多く見られます。（この英文もそうですね。）

【訳】
　調査結果によって明らかになった、もうひとつのサーバント・リーダーシップの特徴は、ブレない倫理的価値観である。これは正直、公平、倫理的で、強い道徳原則を備え、倫理的職場風土を創ることとして説明されている。サーバント・リーダーは法を遵守し、他人を公平に扱い、きわめて正直である。サーバント・リーダーはこのように振る舞うロールモデルとなり、フォロワーに影響を与えなければならない。そのためサーバント・リーダーのもうひとつの特徴は、「法規を守る」点にあるともいえる。これは倫理的に振る舞い、高いレベルの誠実さを示すことを意味する。

After setting a higher purpose vision, mission, and strategy, servant leaders must first lead themselves well before they can lead others. Leading and managing self means to enhance personal capability in terms of personal effectiveness, high productivity, continuous development, excellence, high individual performance, and adhering to organisational values. Personal leadership also includes the understanding of own talents, abilities, strengths, and weaknesses and how to activate these in the best possible way to serve others. When servant leaders lead themselves well, they become role models for followers. Followers might then in return emulate their leader's behaviour and become servant leaders themselves by applying the same behavioural principles. This would ultimately contribute towards achieving the higher purpose vision. A competency of personal capability can thus be added to this function.

(Michiel Frederick Coetzer et al., "The Functions of a Servant Leader," *Administrative Sciences*, Vol. 7, Issue 1, 2017, p.15)

□ enhance ～を高める、強化する　　□ productivity　生産性
□ effectiveness　有効性　　□ adhere to　固執する、支持する
□ activate　活性化する　　□ in return　お返しに　　□ emulate　まねる
□ contribute　貢献する

　サーバント・リーダーはフォロワーに対するロールモデルになる前に、まず自分自身をよりよく導くべきであると述べています。リーダーが身をもって示すことで、フォロワーはリーダーの振る舞いを見習い、同じ行動原理を取り入れ、自分たちもサーバント・リーダーを目指すようになり、ひいては高次の目的ビジョンを達成することにつながります。

　This would ultimately contribute towards … は、「this（前の文）ができれば、最終的には～に役立つだろう」の意味です。

【訳】

　高次のビジョン、ミッション、戦略を設定した後に、サーバント・リーダーがしなければならないのは自分を導くことである。これなくして他人を導くことはできない。自己を導き管理することは、個人の能力、生産性、持続的成長、優位性、個人としてのパフォーマンス、組織的価値観の支持という点で、個人としての達成能力を高める。具体的には、自らの才能、能力、強み、弱みを見極め、どのようにそれを生かしたら他人にもっともよく奉仕できるかを理解しなければならない。サーバント・リーダーが自分をよく導くことができれば、フォロワーへのロールモデルになる。そうすれば、フォロワーはリーダーの振る舞いを見習い、同じ行動原理を採用することで、同様にサーバント・リーダーになれるかもしれない。そうすれば最終的には高次のビジョンの達成にもつながる。このため、個人としての達成能力を高めることもサーバント・リーダーの仕事であるといえる。

In the strategic servant leadership functions, a higher purpose vision was set and the leader's own behaviour was aligned accordingly to become a role model and ambassador to followers. In operational leadership the hierarchy is flipped upside-down, in which the servant leader then serves and empowers employees to achieve the higher purpose vision. In this way employees do not serve the leader in the expense of the customer, but employees are served and empowered by the leader to render exceptional customer service in line with the set vision and to help followers become servant leaders themselves. Servant leaders also apply monitoring and improvement mechanisms to ensure continuous growth.

(Michiel Frederick Coetzer et al., "The Functions of a Servant Leader," *Administrative Sciences*, Vol. 7, Issue 1, 2017, p.15)

□ align　調整する、合わせる　　□ accordingly　それに応じて、適宜に
□ flip　ひっくり返す　　□ empower　権利を与える、力を与える、自信を与える
□ render　～を与える　　□ exceptional　格別の、並外れた
□ in line with　～に一致して、従って

これまで見てきたように、戦略的サーバント・リーダーシップでは、高次の目的・ビジョンがまず設定され、リーダーがロールモデルとして見本を示していました。現場型サーバント・リーダーシップの場合はこの順序が逆転します。サーバント・リーダーがまず従業員に奉仕し、権限を与えた上で、高次のビジョンの達成に取り組むのです。

【訳】
　戦略的サーバント・リーダーシップではまず高次の目的ビジョンが設定され、そのうえでリーダー自らそのビジョンにしたがって行動し、フォロワーに対するロールモデルかつアンバサダーの役を担う。他方、現場型リーダーシップにおいてはこの順序が逆転する。ここではサーバント・リーダーが従業員に奉仕し、高次のビジョンを達成する権限を与えるのだ。こうして従業員は顧客を犠牲にしてリーダーに奉仕するのでなく、リーダーの奉仕を受け、権限を得る。そうすれば従業員は設定されたビジョンに沿うすぐれた顧客サービスを提供しようとし、フォロワー自らがサーバント・リーダーになっていく空気が醸成される。サーバント・リーダーはさらに従業員の行動を見守り成長を促すしくみを用意して、従業員が成長し続けられるようにする。

Operational servant leadership aims to achieve two main functions, namely to (1) align, care, and grow talent and to (2) continuously monitor and improve. These two functions are described in accordance with the study results.

(Michiel Frederick Coetzer et al., "The Functions of a Servant Leader," *Administrative Sciences*, Vol. 7, Issue 1, 2017, p.15)

□ in accordance with 〜に従って、合致して

【訳】
　現場型サーバント・リーダーシップの目的は、主要なふたつの機能をはたすことだ。

すなわち（1）才能に目的を与え、育み、成長させること。（2）持続的に観察し改善することである。これらふたつの機能は研究結果によって説明される。

Building relationships and empowerment emerged as servant leadership competencies from the systematic literature review. Building relationships were defined by the results as the method to (a) understand the needs, aspirations, potential, and mental model of others; (b) create an environment of care, support, encouragement, and acknowledgement; and (c) build trustful relationships with individuals, customers, and the community. Empowerment, on the other hand, was defined by the results as the process to (a) align and activate talent; (b) create an effective work environment; (c) develop others; (d) transform followers; (e) transfer responsibility; (f) share information; (g) coach, mentor, and support followers individually; (h) build self-confidence; wellbeing and proactive follower behaviour; and (i) help followers to mature emotionally, intellectually, and ethically.

(Michiel Frederick Coetzer et al., "The Functions of a Servant Leader," *Administrative Sciences*, Vol. 7, Issue 1, 2017, p.16)

☐ emerge　現れる、浮かび上がる、はっきりする　　☐ aspiration　願望
☐ acknowledgement　承認、同意　　☐ transform　変容する
☐ transfer　移す、移動させる　　☐ coach　コーチ（コーチング）
☐ mentor　メンター　　☐ wellbeing　幸福、ウェルビーイング
☐ proactive　先を見越した

　現場型サーバント・リーダーシップでは、まず関係構築と権限委譲が重要なコンピテンシーとして指摘されます。関係構築と権限委譲の定義が並べられています。権限委譲は組織においてメンバー個々の「権限」が明確であることが前提となります。

【訳】

　体系的文献レビューから明確になったのは、サーバント・リーダーシップのコンピテンシーとしての関係構築と権限移譲の重要性である。調査結果によると、関係構築は
(a) 相手のニーズ、願望、潜在的可能性、考え方を理解する
(b) 思いやり、サポート、励まし、承認に満ちた環境を創造する
(c) 個人、顧客、コミュニティと信頼できる関係を築く結果として定義される。
　一方、権利委譲は、調査結果によると、
(a) 才能に目的を与え、伸ばす
(b) 効果的な職場環境を創造する
(c) 他人を成長させる
(d) フォロワーを変容させる
(e) 責任を与える
(f) 情報を共有する
(g) フォロワーに個人的コーチング、メンタリング、サポートを提供する
(h) フォロワーが自信を持ち、さまざまな意味での幸福を味わい、積極的に行動するよう応援する
(i) フォロワーが感情的、知的、道徳的に成熟するよう手を貸す
の各プロセスとして定義される。

In terms of servant leadership characteristics, the traits of listening and compassion could also form part of this function. Compassion was described by the results as having empathy, caring for others, being kind, forgiving others, appreciating others, and showing unconditional love. Listening was defined by the results as a commitment to listen actively and respectfully, by asking questions to create knowledge, providing time for reflection, and being conscious of what is unsaid. These two traits would enable a servant leader to build trustful relationships with others and to understand the needs of followers to create an effective working climate and culture and to grow and release individual talent. A servant leader should

therefore listen first to understand individual needs before applying
compassion to provide the necessary support to activate individual
talent. Both listening and　compassion might be helpful to identify
and align talent, to care for and protect followers, and to grow talent
effectively.

(Michiel Frederick Coetzer et al., "The Functions of a Servant Leader," *Administrative Sciences*, Vol. 7, Issue 1, 2017, p.17)

□ trait　特徴　　□ compassion　コンパッション、思いやり
□ unconditional　無条件の　　□ reflection　内省

　傾聴とコンパッションというふたつの要素が紹介されています。コンパッションは一般に「人の気持ちを理解し、何とかしてあげたいと寄り添う力」ととらえられています。セルフ・コンパッションという言葉を聞いたことがあるかもしれませんね。これは自分を思いやり、あるがままの自分を肯定すること。マインドフルネスとの関連もあり、特に近年注目されています。なお、compassion に似た言葉として sympathy, empathy がありますが、sympathy は「気の毒に思うこと」、empathy は「他人の苦しみを自分のこととして受け止め、感情移入すること」です。compassion はさらに踏み込んで、「他人の苦しみを受け止めたうえでその人のために何か行動に移すこと」です。

　傾聴は積極的かつ敬意をもって相手の話に耳を傾けることで、具体的には、反省の時間を設けること、言われていないことにも思いを巡らせることなどを指します。

　These two traits would enable a servant leader to 〜の文は長いですね。訳す際には文のはじめから読んでいきましょう。「これらふたつの特質が、サーバント・リーダーに〜することを可能にする」つまり「これらふたつの特質のおかげで、サーバント・リーダーは〜できるようになる」となります。

　何ができるのかというと、他人と信頼関係を築き、フォロワーのニーズを理解して効果的な職場風土・文化を創造し、個人の才能を伸ばし、のびのびと発揮させること、です。文そのものは平易ですが、and で語句がつなげられていくので、そのあたりの区切りに注意して読み進めましょう。

【訳】
　サーバント・リーダーシップの特徴という点では、傾聴とコンパッションという特質もまた当てはまるだろう。調査結果によれば、コンパッションは他人の悲しみに感情移入し、他人を気遣い、思いやりがあり、他人を許し、よい点を認め、無条件の愛を示すことができる。同じく、傾聴は積極的かつ敬意をもって相手の話を聞くことである。質問によって新たな知識を生むこと、じっくり考える時間を設けること、言われていないことに気持ちを向けることであるとされる。これらふたつの特質によって、サーバント・リーダーは他人と信頼関係を築き、フォロワーのニーズを理解して効果的な職場の風土および文化を創造し、個人の才能を伸ばして、開花させることもできる。よってサーバント・リーダーがまずすべきは個人のニーズを理解するために耳を傾けることで、そこからコンパッションを通じて必要なサポートを提供し、才能の発揮を促すべきだ。傾聴し、コンパッションを示すことができれば、才能を見極め、調整し、フォロワーをケアし、保護することも、才能を効果的に伸ばすこともできる。

2 教育におけるケア、思慮深さ、タクト

Care, thoughtfulness, and tact: a conceptual framework for university supervisors

指導教員における「ケア」の姿勢

While many authors have articulated the need to bring an ethic of care to teacher education, I would like to extend their sentiments to the practice of supervising student teachers and field based teacher education. For van Manen, care is a necessary precondition for the pedagogical relationship to be conducive to learner growth. However, for an ethic of care to emerge in a pedagogical relationship, the 'one-caring' must engage the one 'cared-for', which requires a deliberate awareness and commitment on the part of the teacher to enmesh themselves in the experiences and needs of his or her pupil.

(Alexander Cuenca, "Care, thoughtfulness, and tact: a conceptual framework for university supervisors," *Teaching Education*, Volume 21, Issue 3, 2010, p.263)

□ articulate　〜をはっきり述べる　　□ sentiment　感情、信条
□ filed(-) based　現場ベースの　　□ precondition　前提条件
□ pedagogical　教育学の　　□ conducive　役立つ、貢献する
□ engage　〜を引き込む　　□ deliberate　熟考したうえでの、意図的な
□ commitment　約束、深い関与　　□ enmesh　〜を網をかけて捕える、巻き込む

「本章の舞台は教育実習です」と言うと、「マーケティングとどういう関係がある？　なぜ教育学？」と驚かれるかもしれませんが、ここで書かれていることは、実は本書の根底にある統一テーマに深く関わり、有益なヒントを与えてくれます。

「自分ならばこの論文をどのように生かせるだろうか？」と考えながら読んでみてください。

　英文は硬い表現が多く、センテンスも長めです。主部が数行におよぶ文もありますので、ていねいに読んでいきましょう。とはいえ、書かれている内容は私たちにもある程度想像がつくことばかりです。

　主に論じられているのは指導教員と教育実習生の関係です。teacher とは誰を指しているのか、確認を忘れずに。また途中で we が登場します。誰がどのような立場で we と言っているのか考えましょう。

　While many authors 〜（現在完了）、I would like 〜は論文でよくみられる構文です。「これまで多くの研究者たちが〜してきたが、本研究では」ということです。これまでも、教員養成教育に「ケア」という倫理的価値観を取り入れるべきだということは何度も述べられてきたが、本論ではこれを一歩押し進め、教育実習生指導の場面に当てはめてみよう、ということです。

　本論文ではマックス・ヴァン＝マーネン（Max van Manen）が何度も引用されていますが、ヴァン＝マーネンはオランダ出身、カナダの現象学的教育学者です。

　care is a necessary precondition for the pedagogical relationship to be conducive to learner growth では、for 〜 to— 構文（for に続く名詞は to 不定詞の主語）に注意してください。「ケアとは教育的関係が学習者の成長に役立つために必要な前提条件のひとつである」となります。次の However で始まる文も同じですね。for an ethic of care to emerge は「ケアという倫理的価値観が生じるには」です。

　which requires a deliberate awareness and commitment on the part of the teacher to enmesh themselves in the experiences and needs of his or her pupil　は、「教師の側で、生徒の経験とニーズに自ら巻き込まれていこうという意識とコミットメントが必要」と言っています。

　抽象的な言葉が多く使われていますが、教育実習生と指導教員の関係を思い浮かべながら読んでいくとよいでしょう。

【訳】
　多くの研究者が、教員養成教育にケアという倫理を持ち込むべきだと述べてきたが、本論ではこうした見方を一歩進めて、実習生の指導および現場に基づく教員教育の実践

について考えてみたい。ヴァン゠マーネンは、ケアを教師と生徒の関係が学習者の成長につながるために必要な前提条件のひとつととらえる。しかしながら、ケアという倫理学が教師と生徒の関係に生じるには、ケアする側（教師）がケアされる側（生徒）を引き込まくてはならない。教師側が周到に意識して生徒の経験とニーズに進んで深くかかわることが求められるのだ。

Considering that student teaching is a public act that can often-times lead to feelings of uncertainty, doubt, tension and isolation, providing safety and security for the developing teacher during supervisory visits can help student teachers extend and risk themselves within their educational environment. As Talvitie, Peltokallio, and Mannisto note in a study of the journals of student teachers, a caring relationship with their university supervisor gave them 'the courage to experiment with new pedagogical solutions'. In a secure environment, the supervisor provides a space for problems to be experienced and worked out, and tolerates questioning, protest, and dissent. Hooks notes that students are socialized to be docile, 'sub-ordinated by a hierarchical system that indoctrinates students early on, letting them know that their success depends on their capacity to obey, most students fear questioning anything about the way their classrooms are structured'. With similar hierarchical features in the student teaching experience, the caring university supervisor can provide security during the field experience by remaining sensitive and receptive to the difficulties and problems the student teacher is bound to face.

(Alexander Cuenca, "Care, thoughtfulness, and tact: a conceptual framework for university supervisors," *Teaching Education*, Volume 21, Issue 3, 2010, p.263)

□ considering ... 〜であると考えれば　　□ uncertainty　不確実性、疑念
□ tolerate　容認する　　□ dissent　異議を唱える　　□ docile　従順な
□ subordinate　従属させる　　□ indoctrinate　吹き込む　　□ obey　従う
□ be bound to　必ず〜する

　第1文では、主語と動詞が何かをまず確認しましょう。それには、feelings of uncertainty, doubt, tension and isolation, に注目してください。feeling of A, B, C and D という形になっています。さらっと見逃しやすいのですが、and はこのように必ず A, B,… and X という形をとります。and X（ここでは and isolation）は、and でつながれるものが終わる合図です。

　この文の主語は、providing safety and security (for the developing teacher during supervisory visits)「実習期間中、教育実習生に安全と安心を提供すること」です。動詞は can help student teachers...「教育実習生が教育環境で全力を出し、思いっきりやれるように後押しする」。つまり、指導教員が安心させてくれれば、実習生も全力でがんばれる、ということですね。

　フックスは、実習生は物分かりよく、教育の場の序列におとなしく従ってしまう。実習でよい評価を得るには組織に従うべきだ、と思い込み、授業運営について質問することを恐れる、と指摘しています。remaining sensitive and receptive to the difficulties and problems the student teacher is bound to face は、「指導教員側が、実習生の直面する問題にちゃんと気づいて理解しようとする」ということです。

【訳】
　教育実習が戸惑いや疑問、緊張、孤独を感じやすい公的行動であることを考えれば、実習担当の指導教員が実習生に安全と安心を提供することで、実習生は実習中に全力を出し、思い切った挑戦ができる。タルヴィティエ、ペルトカリオ、マニストは教育実習生の日誌を研究した論文において、指導教員とのケアリング関係により、「実習生は勇気を得て新たな教授法を試せるようにもなる」とする。安全な実習環境においては、指導教員は実習生が問題を経験し解決する場を設け、実習生からの質問や異議、反論があれば受け入れる。フックスは、実習生は指示に素直に従うよう社会的に訓練されており、「早い段階から教育界でヒエラルキーのもっとも下位に置かれ、自分が成功できるかどうかはどこまで従えるかにかかっていると思うようになる。たいていの学生は教室の運営方

法については一切質問をしてはいけないと考える」と述べている。指導教官は教育実習の際に同様のヒエラルキーを経験しているはずであるから、実習生が直面する困難や問題を常に敏感に感じ取り、安心させてやることができる。

Another important facet of caring for van Manen is exhibiting love for the student. As a seemingly taboo topic in educational discourse, love receives very little attention in describing the nature of pedagogical relationships. However, considering the parallels between educators' *in loco parentis* relation to their students and parenting, love does not seem like such an extreme outlier in the education conversation. Furthermore, extending the notion of love into the realm of teacher education and the supervision of student teachers also does not seem like such a stretch. Van Manen believes that it is pedagogical eros that transforms a teacher into a real educator. This kind of pedagogical love differs from romantic or erotic love, in that it focuses, like a parent's love for his or her child, on what the other is 'becoming'. He notes, 'a teacher's affection for a pupil, like a parent's affection for a child, is premised to a large extent on the value of becoming and growth, on the value that this has for developing identity, character, or selfhood'.

(Alexander Cuenca, "Care, thoughtfulness, and tact: a conceptual framework for university supervisors," *Teaching Education*, Volume 21, Issue 3, 2010, p.269)

□ exhibit　示す　　□ pedagogical　教育学的な　　□ parallel　類似点
□ in loco parentis　親代わりの　　□ seemingly　一見したところ、外見的には
□ outlier　外れ値　　□ realm　領域、範囲　　□ eros　エロス、愛
□ premise on　〜に基づく

ここもマックス・ヴァン＝マーネンの主張がベースになっています。実習生

に愛情を示すこともケアの大事な要素だというのです。

As a seemingly taboo topic in educational discourseは、「一見したところ、教育学の言説では愛情などということはタブーな話題であり〜」と考えればよいでしょう。

However, considering the parallels between educators' *in loco parentis* relation to their students and parenting（とはいえ、類似関係を考慮すれば〜）の部分ですが、parallel は between A and B の形をとることが多いので、何（A）と何（B）をパラレルだといっているのかをまず考えます。ここでは「指導教員の、実習生に対する親代わりのような関係」と「子育て」がAとBにあたります。後半は「教育について語る場合、愛情は極端な外れ値ではないように思える」。つまり、的外れではないだろう、と訳せます。

Furthermore, extending the notion of love into the realm of teacher education and the supervision of student teachers also does not seem like such a stretch. は、extending the notion から the supervision of student teachers までが主部となります。「愛情という概念を教員養成と実習生指導の領域に拡大して適用することは」ということです。

【訳】
　マックス・ヴァン＝マーネンによれば、もうひとつケアリングの重要な面は、学生に愛情を示すことである。教育学の文脈ではタブーと思われる話題のため、教師と生徒の関係性を説明する上で愛情が着目されることはまずない。だが教員が親代わりとなって生徒に接する関係は子育てにかなり近く、教育学を議論する際に愛情を取り上げるのは完全に的外れとも思えない。さらに愛情という概念を拡大して教員養成や実習生指導に当てはめてみることも、それほどおかしなこじつけではないだろう。ヴァン＝マーネンは、教師を真の教育者に変えるのは指導者としての愛情であると確信していた。この種の教師としての愛情は、親が子どもに向ける愛のように、相手が「どのように成長するか」に焦点を置いている点で、ロマンティックあるいはエロティックな愛とは異なる。ヴァン＝マーネンは指摘する。「多くの場合、教師が生徒に向ける愛情は、親の子どもへの愛情のように、成長を願う気持ちに基づいている。アイデンティティ、人柄、自己の成長にどのような影響をもたらすかということだ」

As hooks explains, the love she had for her students rather than blinding her to the true nature of their abilities, enhanced her understanding of 'their capabilities as well as their limitations, helping them embrace a new understanding of the true meaning and value of love'.

(Alexander Cuenca, "Care, thoughtfulness, and tact: a conceptual framework for university supervisors," *Teaching Education*, Volume 21, Issue 3, 2010, p.270)

□ blind to　〜がわからない、見る目がない　　□ embrace　受け入れる

　単語はさほどむずかしいわけではないですが、構文がとりにくいかもしれません。主語は the love (she had for her students) です。この主語を受ける動詞は enhanced ですので、「学生に対して抱く愛情が〜を高める」となります。rather than blinding her to the true nature of their abilities は直訳すれば「学生の真の性質を見えなくするよりも」。「愛情のせいで学生の本当の姿が見えなくなるというのではなく」と考えればわかりやすいでしょう。そうではなく、enhanced her understanding of 'their capabilities as well as their limitations「学生の限界も能力も理解できる」となります。

【訳】
　フックスが説明するように、指導教員が実習生に対して指導者としての愛情を抱くことにより、実習生の真の性質を見誤るのでなく、「彼らの能力や限界」をさらに理解し、「愛情というものの本当の意味と価値を実習生が再認識する手助けをする」ことができる。

According to van Manen, pedagogical thoughtfulness is a mindfulness oriented toward the learner. For the responsive university

supervisor, mindfulness during a supervisory visit should be charac-
terized by a self-awareness of the impact our actions have on stu-
dent teachers as learners. In teacher education, Conklin drawing on
Buddhist theories suggests that if we as teacher educators become
more aware of our thoughts as we educate prospective teachers,
then we are working toward mindfulness.

(Alexander Cuenca, "Care, thoughtfulness, and tact: a conceptual framework
for university supervisors," *Teaching Education*, Volume 21, Issue 3, 2010,
p.270)

□ mindfulness　マインドフルネス　　□ responsive　反応の
□ draw on　～を利用する　　□ prospective　将来の、予想される、有望な

　mindfulness（マインドフルネス）とは、「いま、ここ」で自分に起きている
ことに意識を集中することを意味します。瞑想や禅との関連でマインドフルネ
スは海外の起業家やエグゼクティブにも注目されていますね。本文では、「こ
のレベルまで理解させなくては」と先を急ぐのでなく、いま実習生がどう思っ
ているのか、何を考えているのかに集中すること、と考えられます。
　このセクションはやや抽象的なのでていねいに読んでいきましょう。

【訳】
　ヴァン＝マーネンによれば、教育者としての思慮深さとは、学生の「いま、ここ」に
集中する一種のマインドフルネスである。実習生の言動を観察して指導する教員が実習
期間中にマインドフルネスの姿勢を採用すれば、自身の行動が教育実習生にどのような
影響をおよぼすか意識しやすくなる。Conklin は仏教学を引いて述べているが、教育実
習生を指導する際、教育者として自分がいま何を考えているかを意識するなら、それは
まさにマインドフルネスの状態に近いものになる。

During the field visit, the supervisor and student teacher engage in pedagogically charged encounters where the supervisor as teacher pedagogue is expected to do something appropriate in relation to learning for the student teacher. In constructing a responsive peda-gogical path during these moments, thoughtful teacher pedagogues must be 'thinkingly attentive' to what they do during the pedagogical moments of field-based teacher education and remain aware of how their actions affect student teachers. As van Manen notes, the peda-gogue is often confronted with situations that are only 'later open to true reflection' and it is common that 'we have already acted before we really know that we have acted'. Because of the interactive reali-ty of pedagogical moments, pedagogical thoughtfulness requires a heightened awareness of action as university supervisors respond to the ongoing flux of pedagogical interaction.

(Alexander Cuenca, "Care, thoughtfulness, and tact: a conceptual framework for university supervisors," *Teaching Education*, Volume 21, Issue 3, 2010, p.270)

☐ appropriate　適切な　　☐ in relation to　〜に関して
☐ be expected to　期待されている、要求されている　　☐ attentive　用心深い
☐ thinkingly　思慮深く　　☐ confront　直面する
☐ ongoing　進行中の、継続している　　☐ flux　変動、流れ

　第1文はむずかしい構文ではないですが、意味がとりにくいかもしれません。シンプルに考えていきましょう。the supervisor and student teacher engage in pedagogically charged encounters ／ where the supervisor as teacher pedagogue is expected to do something appropriate in relation to learning for the student teacher.「指導教員と教育実習生は教師と生徒の関係にある」「指導教員は教育実習生のために学習上適切なこと（助言等）を行うよう期待されている」となります。抽象的な表現もありますが、そのままにせず、実習の様子を想像し（あるいは思い出し）ながら、具体的な場面に落とし込んで読んでいきましょう。

　4行目の a responsive pedagogical path とは、はじめから指導教員が正解

を教えていくのでなく、実習生中心で考え、実習生の反応を観察し、それに応じて指導するスタイルを指していると考えればよいでしょう。

　ヴァン＝マーネンの引用部分はなかなか意味深いですね。その場その場では自分がしたことの意味などわからない。「後になって初めて真の内省ができる」ことが多く、「自分が何をしたのか本当の意味で理解できるのは、すでにやってしまった後だった」ということもめずらしくない、というのです。

　the interactive reality of pedagogical moments は要するに「教育の場面では、教師と生徒は互いに影響をおよぼしあう関係にある」ということです。

【訳】
　実習期間中、指導教員と教育実習生は教育と生徒の関係にある。指導教員は実習生のために学習上適切なことを行うよう期待される。こうした場面で学生からの問いに反応して指導にあたる際、思慮深い指導教員は、実習期間中の自らの行動に「注意を向け」、自らの行動が実習生にどんな影響をおよぼすか常に意識する必要がある。ヴァン＝マーネンが述べるように、教師は往々にして「後になって初めて本当の意味で振り返」らざるをえない状況に直面し、「やってしまったあとで、自分がしたことの意味に気づく」ことも少なくない。教育という場では教師と生徒が互いに影響しあうことから、指導教員としての思慮深さを持つことで、実習生とのやりとりを通じて自らの行動を一層強く意識することになる。

Although thoughtfulness in supervision asks the supervisor to identify with the realities that student teachers construct in their setting, this stance does not suggest a relativistic approach to supervision. Instead, thoughtfulness in the supervision of student teachers allows the supervisor to be more sensitive to the constructive and situative nature of the student teaching experience and to act in response to that sensitivity. In becoming more attuned to the reverberations of our pedagogical actions as field-based teacher educators, we can only amplify the educative impact of the student teaching experience toward the aims we set out as unique programs of teacher education.

(Alexander Cuenca, "Care, thoughtfulness, and tact: a conceptual framework for university supervisors," *Teaching Education*, Volume 21, Issue 3, 2010, p.270)

□ sensitivity　感受性、気配り　　□ construct　構築する　　□ relativistic　相対主義の
□ situative　ある状況で起こる　　□ reverberation　反響　　□ attune　同調させる
□ amplify　〜を拡大する、拡充する　　□ set out　〜に取りかかる、着手する

　Although thoughtfulness in supervision asks the supervisor to identify with the realities that student teachers construct in their setting は、「思慮深さ」(thoughtfulness) は指導教員に〜を求める」ということです。ですが、「思慮深さを持って指導するならば、指導教員は教育実習生がどんな現実に向きあっているか深く理解する必要がある」ととらえればいいでしょう。

　thoughtfulness in the supervision of student teachers allows the supervisor to be more sensitive to the constructive and situative nature of the student teaching experience and to act in response to that sensitivity. これも似たような主部が長い構文です。直訳すれば「教育実習指導における思慮深さは指導教員に〜をさせる」ですが、「思慮深さを持てれば、指導教員は、実習生が今どんな状況にあるかに敏感になり、それに対して行動することができるようになる」といった意味になります。

　situative はあまり使われない語ですが、この場では「ある状況で起こる」の意味で用いられています。

　最後の文はどうでしょうか。前半は、「教育実習の指導教員としての行動が引き起こした反応を見て、いっそう理解を深めていくときに」ですが、we can only 〜と続きますので、「〜してはじめて…ができる」となります。

【訳】
　思慮深さを持って指導しようとするならば、指導教員は実習生がどんな現実に向き合っているのか深く理解する必要があるが、こうした姿勢を取っていても相対主義的なアプ

ローチを取るというわけでは必ずしもない。そうではなく、思慮深さを持てれば、指導教員は実習生が今どんな状況にあるかに敏感になり、その気づきに基づいて適切な対応が取れる。現場の指導教員としての行動が実習生にどんな影響をおよぼすかもっと気を配ることで、教員養成プログラムという特別なプログラムに設定された目的に向けた教育実習効果を増大できる。

The supervisor who employs pedagogical tact works alongside the student teacher, keeping pace with the development of abilities and exhibits a readiness to help a learner grow. As the manifestation of the responsibility pedagogues are charged with, pedagogical tact can show itself in several ways. First is the way tact shows itself as *holding back*. In trying to lead a learner towards growth, it is natural to expect progress. However, this inclination can lead the pedagogue to push and force learning without giving the learner his or her own space and time to develop. Similarly, the student teacher supervisor can enter the placement site expecting certain prescribed outcomes from the student teacher; however the developmental needs of student teachers may necessitate patience on the part of the supervisor. Such patience allows the supervisor to not become discouraged at initial signs of difficulty with the practice of teaching.
(Alexander Cuenca, "Care, thoughtfulness, and tact: a conceptual framework for university supervisors," *Teaching Education*, Volume 21, Issue 3, 2010, p.271)

□ tact　気配り、機転　　□ alongside　並行して、協力して
□ readiness　用意ができていること、喜んでする気持ち　　□ manifestation　表明
□ hold back　（本当のことを）隠す　　□ inclination　傾向
□ pedagogue　教師、先生、教育者　　□ prescribe　指示する、処方する

　教育学に縁がない人にとっては、タクト（tact）という言葉はあまりなじみがないかもしれません。「気配り、機転」ということです。「空気を読みつつ、

状況に即して臨機応変に対応していくこと」と理解しておけばよいと思います。教育的タクトとは、スイスの教育実践家ペスタロッチ（Pestalozzi）やドイツの哲学者・教育学者であるヘルバルト（Herbart）などによって発展した概念です。

　最初の文は比較的シンプルですね。後半の exhibits が works 〜 and exhibits という構文になっていることを見落とさずに。

The supervisor who employs pedagogical tact works alongside the student teacher, keeping pace with the development of abilities and exhibits a readiness to help a learner grow. に書かれているのは、「教育的タクトを備えた指導教員は、教育実習生が力をつけるペースにあわせ、また実習生の成長を進んでサポートしようとする」ということです。

　この部分の英語は今のままでもよいですが、exhibits を exhibiting に変えて、keeping と and で結ぶとわかりやすいかもしれません。

　教育的タクトはどのような形で表われるでしょうか。第1に「感情や発言を抑える」こと。学習者を成長させようとすれば、つい早く先に進んでほしいと思いたくなるものですが、そうすると学習者本人の都合を考えず、無理やり引っ張ることになりかねません。

　Similarly 〜 以下を読みましょう。 the student teacher supervisor can enter the placement site / expecting certain prescribed outcomes from the student teacher;「指導教員は、教育実習の場（教室）に来ることがある / 実習生から指定通りの成果が示されることを期待して」

　certain prescribed outcomes は一見わかりにくいかもしれませんが、前の文から想像できるでしょう。

however the developmental needs of student teachers may necessitate patience on the part of the supervisor. 実習生が成長するには指導教員の側の忍耐を必要とする。

Such patience allows the supervisor to not become discouraged at initial signs of difficulty with the practice of teaching.　この文はていねいに読み解いてください。「忍耐力は指導教員が〜することを許す」ですが、to not become discouraged となっているので「落胆しないことを許す」となります。

【訳】
　教育的タクトを備えた指導教員は教育実習生を見守り、実習生が能力を伸ばすペースにあわせ、成長を進んでサポートしようとする。教育的タクトは指導教員が担う責任にあわせて、さまざまな形を取る。第1に、「感情や発言を抑える」ことだ。学習者を成長させようとすれば、とかく早く先に進んでほしい、と思うものだ。とはいえ、これは学習者本人に十分な時間や心の余裕を与えないまま、学びを無理強いする結果になりかねない。同様に、指導教員が実習生の授業を見学する場合、自分が求めた成果を期待してしまうかもしれない。だが、教育実習生の成長には指導教員の忍耐が求められる。忍耐力を備えていれば、実習生がはじめうまくいかなくても落胆することはない。

While our task as supervisors is to help learners grow, we can easily become consumed by trying to correct each and every aspect that was discordant with our expected outcomes during an observation. In holding back, we can prevent flooding student teachers with multiple facets of practice to correct and instead, bring forward the most pressing and necessary components of practice that need attention. I liken holding back to the economic principle of diminishing returns, where every additional idea I provide for my student teachers has a diminishing pedagogical impact.

(Alexander Cuenca, "Care, thoughtfulness, and tact: a conceptual framework for university supervisors," *Teaching Education*, Volume 21, Issue 3, 2010, p.272)

□ flood　あふれさせる　　□ discordant　調和しない　　□ pressing　差し迫った
□ facet　面　　□ component　構成要素　　□ diminish　小さくする、損なう
□ liken to　たとえる

　このパラグラフでは一人称が頻出します。本論文は教育者が自身の経験をもとに書いていることがわかります。一般論なのか経験なのかを区別しながら読んでいくとよいでしょう。

指導教員のタスクは、学習者の成長をサポートすること。とはいえ、期待している成果と異なる面があると、いちいち間違いを指摘し、修正をうながそうとします。

指導教員が言いたいことがあってもあえて口を出さずに黙っていてくれれば、実習生はあれも直さなければこれも変えなければと山ほど課題を抱えて立ち往生しないですみます。

the economic principle of diminishing returns（収穫逓減の経済的原則）とは、投下された労働力や資本に対する収穫量ははじめ増加するが、ある限度を超えると減少するという理論です。

【訳】
　指導教員のタスクは実習生の成長を助けることであるが、授業見学で期待していた成果と異なる点を目にすると、逐一修正をうながそうとする。指導教員が言いたいことを我慢して抑えれば、教育実習生も同時にあれこれダメ出しをされ当惑することはなく、もっと注意を向けるべき第一に求められる必要不可欠な実践項目に取り組める。言いたいことを抑えることを、収穫逓減の経済的原則にたとえたい。教育実習生に付け足しのアイデアをあれもこれもと出したところで、教育効果は減ずるだけだ。

A second manifestation of pedagogical tact is *openness to the learner's experience*. For van Manen this simply means avoiding the standard and conventional ways of treating situations, seeing past our own experiences and perceiving the learner's experience. As former classroom educators, it becomes quite possible for university supervisors to have difficulty looking past their own experiences in the classroom, what Egan has termed the 'be like me' phenomenon. Analogous to the psychologist's fallacy, which William James describes as psychologists' presupposition of the objectivity of their perspective when analyzing a behavioral event, the university supervisor can become ensnared by a teacher educator's fallacy when the supervisor assumes the decisions of a student teacher should be based on the knowledge or skills possessed by the teacher educator.

(Alexander Cuenca, "Care, thoughtfulness, and tact: a conceptual framework for university supervisors," *Teaching Education*, Volume 21, Issue 3, 2010, p.272)

□ conventional　慣習の、従来的な　　□ fallacy　誤謬　　□ presupposition　前提
□ ensnare　わなにかける

　教育的タクトの第2として示されるのが、「学習者の経験に心を開き、積極的に受け入れる」ことです。マックス・ヴァン＝マーネンはこの点についてこう述べています。心を開いて受け入れるということは、いま目の前の状況を標準化しようとしたり、従来のやりかたに当てはめたりするのでなく、自分はこうしたという経験もいったん忘れ、学習者が経験していることをしっかりと向きあうことである、と。指導教員はとかく自分自身の教師としての経験を押しつけたくなるもの。「私のようになりなさい」現象ですね。

　ここでウィリアム・ジェームズ（William James）が引用されています。Analogous to the psychologist's fallacy, / which William James describes as psychologists' presupposition of the objectivity of their perspective when analyzing a behavioral event「ウィリアム・ジェームズが『行動を分析する際の客観的視点の前提』と説明した心理学者特有の誤謬に似て」the university supervisor can become ensnared by a teacher educator's fallacy「指導教員は教員養成者の誤謬ともいうものに陥っているといえる」when the supervisor assumes the decisions of a student teacher should be based on the knowledge or skills possessed by the teacher educator.「指導教員が、実習生は指導教員の知識やスキルに基づいて判断すべきだと考えているとき」つまり、教育実習生自身が決めるのでなく、指導教員の考え方に準拠して決めるべきだというならば、それは指導教員の誤謬にはまっている、ということです。

なお、ウィリアム・ジェームズの psychologist's fallacy とは、客観的であるといいつつ、出来事を観察する際に自分の主観的経験をまじえてしまうことです。

【訳】
　第2に、教育的タクトは「学習者の経験を積極的に受け入れる」こととして現れる。ヴァン＝マーネンによれば、目の前の状況を標準化しようとしたり、従来のやり方に当てはめたりするのでなく、指導教員自身が昔どうだったかという経験もいったん忘れて、学習者が経験していることにしっかり目を向けるべきだ。かつて教室で教えていた経験を持つ指導者であれば、教室でかつての自分の経験にこだわらずにいるのはむずかしい。イーガン のいう「私のようになりなさい」現象にはまってしまうのだ。ウィリアム・ジェームズは「心理学者の誤謬」という言葉を用いて、心理学者が行動分析を行う際に前提となる客観性の度合いについて説明するが、同じように、指導教員が教育実習生は本人の知識や技術をベースにして意思決定すべきだと考えるならば、この教員もまた自らの誤謬という罠にはまっているのである。

As Myers contends, what can be so obvious to teacher educators may not be so obvious to student teachers, which can lead to an adoption of a 'telling, showing, guided practice approach'. Thus, placing the experience of the supervisor at the center of pedagogical action significantly hampers a student teacher's ability to 'exercise their judgment about when to use particular practices and how to adapt them to the specific circumstances in which they are teaching'. As Vagle, Hughes, and Durbin (in press) remind us, we must always remain open and skeptical of our understandings of the work of teacher education and of the forms of knowledge and skills we try to cultivate in student teachers. This critical reflectivity can help us remain open to the experiences of the student teacher, which can help the university supervisor signal to the student teacher that the learner's experiences are the basis of pedagogical action. Ultimately,

openness to the learner can help students of teaching better appre-
ciate what teachers know, need to know, and are able to do.

(Alexander Cuenca, "Care, thoughtfulness, and tact: a conceptual framework
for university supervisors," *Teaching Education*, Volume 21, Issue 3, 2010,
p.272)

□ contend　争う、論争する　　□ adoption　採用　　□ hamper　妨げる
□ skeptical　懐疑的な　　□ cultivate　耕す　　□ reflectivity　反射性

　指導教員にとって当たり前でも、教育実習生が同じように考えているとは限りません。このために有用とされるのが、「指示し、見せて、導くアプローチ」です。

　Thus, placing the experience of the supervisor at the center of pedagogical action significantly hampers a student teacher's ability to 'exercise their judgment about when to use particular practices and how to adapt them to the specific circumstances in which they are teaching' この文の主部は placing the experience of the supervisor at the center of pedagogical action「指導教員の経験を教育的タクトの中心に置くことは」で、動詞の部分は significantly hampers a student teacher's ability to 〜「教育実習生が〜する能力を妨げる」です。ここでの「能力」とは、自分が教えている教室で、いつどんなやり方を用いるか判断する能力です。つまり、指導教員がタクトを備えているとしても、自分の経験に基づいて気配りしているとすれば、実習生自身の判断力は伸びないということです。

【訳】
　マイヤーズが述べるように、指導教員にとってわかりきったことでも教育実習生にとって明白であるとは限らない。そのため「指示し、見せて、導くアプローチ」が有用と考えられる。指導教員が自身の経験を中心に据えて実習生の指導を行うと、教育実習生は「授業でいつ何を実施すべきか、ある状況でそのスキルをどう用いればよいかを自分で判断する」ことがむずかしくなる。ヴェイグル、ヒューズ、ダービンが述べるように、われわれはいつも新しい知識を積極的に受け入れるべきである。また教員養成の仕事に関

する自分の認識に懐疑的であるべきだ。教育実習生に学ばせようとしている知識やスキルについても、それでいいかを疑ってみる必要がある。このように批判的に振り返ることで教育実習生の経験を積極的に受け入れることができるし、自分で経験したことこそが学びの基盤であると指導教員は実習生に示すことができる。このようにして学習者の経験を受け入れることで、実習生は教師が何を知っているか、何を知るべきか、何ができるか、さらに理解を深められるようになる。

Closely related to being *open to the learner's experience* is a third manifestation of pedagogical tact, being *attuned to subjectivity*. The value of the traditional student teaching experience is grounded in the belief that preservice teachers receive the knowledge of teaching through the training, methods, and skills they encounter in a teacher preparation program, and the field experience simply provides the opportunity to put that knowledge into practice. Thus, the underlying metaphor for student teachers about the 'field experience' is that there are objectives outside of teacher education programs that can only be learned from 'experience'.

(Alexander Cuenca, "Care, thoughtfulness, and tact: a conceptual framework for university supervisors," *Teaching Education*, Volume 21, Issue 3, 2010, p.272)

□ attuned to　〜に調和する、〜に順応する　　□ subjectivity　主観性
□ ground in　〜に立脚する　　□ preservice teacher　教員養成課程の実習生
□ underlie　根底にある

　第 3 の教育的タクトは上記の「学習者の経験を受け入れる」ことに関連しています。「主観性に同調する」とはどういうことでしょうか。

　The value of the traditional student teaching experience is grounded in the belief that … は、前から訳せば「従来の教育実習の価値は、〜という信念に基づいている」となります。どういう信念かというと、preservice teachers receive the knowledge of teaching through the training, methods, and skills they encounter in a teacher preparation program 「教育実習生は養成プログラムで経験するトレーニング、メソッド、スキルを通じて指導法という知識を得る」し、and the field experience simply provides the opportunity to put that knowledge into practice.「実習とは知識を実践する機会を提供するだけである」、つまり、従来はプログラムの座学で学ぶ知識こそが重要で、実習はそれを実践で試すという意味合いだったということです。

【訳】
　上記の「学習者の経験を受け入れる」ことに非常に関連が深いのが、第3の教育的タクト「主観性に適応する」である。伝統的な教育実習の基本は、教員養成課程の学生は専門プログラムで教わるトレーニングやメソッドスキルを通じて授業や教育に関する知識を身につけるのであり、教育実習は習った知識の実践機会を提供する場に過ぎないと信じることである。教員養成課程の学生にとって「教育実習」は専門科目とは別の、「経験」からのみ得られる学びの機会という見方が根底にあるのだ。

A fourth manifestation of pedagogical tact in the supervision of student teachers shows itself as an *improvisational gift*. The supervision of student teachers is in many ways like jazz, as the supervisor like the musician must compose actions on the spot that are responsive to cues. For the jazz musician they must respond to chord progressions and the rhythm section. Similarly, the university supervisor must evaluate and respond to the actions and needs of his or her student teacher. In remaining responsive to the student teacher, the tactful supervisor must improvise pedagogical action to meet the developmental needs of the student teacher. Such improvisation requires imagination, technique and the ability to make judgments about the significance of particular moments during the supervision

of student teachers. However, much like the musician who is simul-
taneously freed by the ability to improvise yet compelled to produce
melodies that are aesthetically pleasing, the teacher is also free to
act pedagogically but bound by the responsibility to act in the best
interest of the student teacher.

(Alexander Cuenca, "Care, thoughtfulness, and tact: a conceptual framework
for university supervisors," *Teaching Education*, Volume 21, Issue 3, 2010,
p.273)

□ improvisation　インプロビゼーション　　□ compose　作曲する、創作する
□ cue　合図　　□ chord　コード　　□ evaluate　評価する
□ tactful　如才ない、気転のきく　　□ aesthetically　審美的に

　4つ目に取り上げられる教育的タクトはインプロビゼーション能力です。インプロビゼーションとはもともとジャズや演劇に由来する言葉ですが、ビジネスで用いる場合（「ビジネス・インプロビゼーション」といいます）は「計画の立案と実施が同時であること、自発性と創造性を用いること」を指します。言い換えれば、何か予測できない事態が起こった際、自分の能力を生かして即座にその変化に直感で対応することとなります。米国でビジネス・インプロビゼーションは新製品開発の場でより効果的にゴールを達成するため導入され、のちにそれ以外の領域に広がりました。インプロビゼーションは先行きの見通しが不透明な時代にあって（特にコロナ禍など。「VUCA（ブーカ）の時代」ともいいます）企業にもっとも必要とされる概念です。

　このパラグラフでは、指導教員はミュージシャンのように、その場その場で実習生が出した合図に反応して指導（ここがインプロビゼーション）しなければならない、としています。

【訳】
　指導教員が持つ第4の教育的タクトは、インプロビゼーション能力として現れる。多くの意味で、教育実習生の指導はジャズに似ている。指導教員はミュージシャンのようにその場の合図に反応し、行動を組み立てていかなければならない。ジャズ・ミュージシャ

ンはコード進行とリズムに反応していくわけだが、指導教員も同じように教育実習生の行動やニーズを評価し、反応していかなければならない。教育実習生の発言や行動に対応するにあたって、指導教員はたくみに即興で教育的行動を取り、教育実習生が成長するうえでのニーズに応える必要がある。このようなインプロビゼーションには、想像力、テクニック、さらに実習訪問期間でいま起こっていることの重要性に判断を下す能力が求められる。しかしながら、ミュージシャンがインプロビゼーション能力によって自由に演奏できる反面、美しく快いメロディを生み出さなければならないように、指導教員もまた、型にはまらない教育的行動が取れる反面、教育実習生にとって最上の利益となるよう行動する責任を負う。

3 万葉集の宴とカラオケのルールのDNA的連続性
The DNA-like Commonality of the Implicit Rules Shared by *Karaoke* and *Manyoshu*

In this paper we examine the implications of an interdependent construal of self on the generation of individual and collective value in group consumption activities and group value creation. Aishima and Sato have argued that the focus on group value creation has a long history in Japan. Examples of this focus can be found in the typical banquets (*utage*) described in the *Manyoshu*, one of the oldest anthologies of poems in the world, as well as in *renga* gatherings, which involved the generation of collaborative poetry and were popular among people from commoners to the emperor between the 12th century and the 15th century. In both types of gathering, the generation of collective value was prioritized over the creation of individual values.

(Yoshinobu Sato, T. Aishima and M. Parry, "The DNA-like Commonality of the Implicit Rules Shared by *Karaoke* and *Manyoshu*," 日本商業学会で発表した論文を英訳、加筆、修正したものです)

□ construal　解釈　　□ implication　含意　　□ commoner　庶民
□ collaborative　協力的な　　□ prioritize　優先する

　本論文のテーマは日本の「おもてなし」。一般的に、おもてなしの源流は茶の湯にあるといわれますが、本論では万葉集の宴にその精神の萌芽を求めています。そのうえで、おもてなしの精神,すなわち個人的な利益や目的達成よりも、ともに全体的な価値向上を優先すること、「場」を大切にし、互いに敬意を払うことといった精神が、今日のカラオケ（特に接待）の宴席での行動につながると論じます。実際の場面を想像しながら読んでいきましょう。

第 1 パラグラフでは、マーカスとキタヤマ（Markus & Kitayama: Hazel Rose Markus & Shinobu Kitayama, 1991）が論じた 2 タイプの自己認識について紹介されています。マーカスとキタヤマは自己と他者の理解の仕方の違いについて「独立的自己観」（independent construal of self）と「相互依存的自己観」（interdependent construal of self）というふたつの概念を提出しました。独立的自己観とは、自己は他から切り離されたものと理解すること。西欧、特に北米の文化のもとになっているといわれます。一方、相互依存的自己観では、自己は他者と根本的に結びついていると理解されます。この自己観は日本を含む東洋の文化の前提になっているといわれています。

「宴や連歌の会席で集合的価値が個人的価値より優先される」とは、そうした場では、「自分の利益追求や目的達成に努めるよりも、全体の雰囲気をよくして皆が楽しめるよう貢献することのほうが重視される」ということです。後に出てきますが、カラオケなどでも、自分ののどを自慢したりひけらかしたりするのでなく、多くの場合、場の空気に合わせることが求められます。

【訳】
　本論文では、グループでの消費活動およびグループでの価値創造において個人的・集合的価値の生成に相互依存的自己観がどのような含意を持つかを探る。相島と佐藤は、日本においては集合的価値創造が長きにわたり重視されてきたと論じる。これは世界最古の歌集『万葉集』に描かれた典型的な宴の様子や、12 世紀 -15 世紀に帝から一般庶民まで流行した連歌の会席の例を見ればわかるだろう。両者において、集合的価値の生成は個人的価値の創造より優先された。

We examine the *karaoke* party, a typical example of a modern *utage*, to consider the co-creation of both collective and individual value, as well as the relationship between these two kinds of value. We argue the process of value creation in *karaoke* parties is similar to the process of value creation that characterize the banquets described in the *Manyoshu*, *renga* gatherings, and *chanoyu* (the Japanese tea ceremony). In each of these cases, participants increase the value generated for themselves by contributing to the creation of collective value by the group. We further contend that a comparison of the contemporary *karaoke* practices with the principles of *chanoyu* parties reveals a common focus on mindful practice (*kata*) based on the mindset or spirit of *omotenashi*.

(Yoshinobu Sato, T. Aishima and M. Parry, "The DNA-like Commonality of the Implicit Rules Shared by *Karaoke* and *Manyoshu*," 日本商業学会で発表した論文を英訳、加筆、修正したものです)

□ generate　生む　　□ diffusion　拡散、普及　　□ genetic　発生の、遺伝の

　本論では、カラオケを今日の代表的な宴であると見なし、その集合的価値と個人的価値を細かく分析しています。ここでは紙幅の関係で省略しましたが、たとえばカラオケの個人的価値としては、ストレスの発散や人間関係の構築、強化が挙げられます。

　人間関係の構築・強化についていえば、場が盛り上がることで実現されますから、参加者はまず空気を読みつつ場の盛り上げに貢献する必要があるわけです。その結果として場が盛り上がって一体感を得て集合的価値が高まると、そこに貢献できたことに満足感を覚えます。

　なお、「価値」という言葉が頻出しますが、本論ではモリス・ホルブルック（Morris B. Holbrook）の顧客価値（consumer value）研究が出発点となっています。

【訳】
　本研究は、現代の代表的な宴であるカラオケ・パーティを取り上げ、カラオケの宴会における経験価値の集合的価値と個人的価値の創造、および両者の関係を考察する。カラオケにおける価値創造のプロセスが万葉集の宴や連歌会席、茶の湯に特徴的な価値創造プロセスと共通することを論じる。いずれの場合も、参加者は集合的価値の創造に貢献することで、自らも経験価値を高める。さらにカラオケと茶の湯を比較し、いずれも

おもてなしの精神に基づくマインドフルの実践（「型」）に重点が置かれていることを明らかにする。

In the preceding section we argued that the creation of individual value is an important component of the process for generating collective value. This argument can be elaborated through the application of Edgar Schein's organizational culture. Schein argued that organizational culture consists of three levels: the surface level, the middle level, and the deep level. The surface level consists of organizational artifacts, things that are easily observable, such as characteristics of the organization and its environment (e.g., employees, facilities, and written policies). The middle level consists of individual attitudes and thought processes that are directly measurable, because they consciously guide the decisions and behaviors of individuals in the organization. In contrast, the deep level consists of attitudes and beliefs that are difficult or impossible to measure directly, because the individual is unaware of their existence and their impact on his or her behavior and decision processes. Figure 4 applies these three levels of organizational culture to an analysis of collective value generation in *karaoke* parties. At the surface level, the generation of collective value in a *karaoke* party depends on the musical ability of the individual participants, which includes the selection of appropriate songs and the delivery of those songs in a way that engages other participants and enlivens the atmosphere of the party.

Figure 4 The ability needed for achieving collective value

(Yoshinobu Sato, T. Aishima and M. Parry, "The DNA-like Commonality of the Implicit Rules Shared by *Karaoke* and *Manyoshu*," 日本商業学会で発表した論文を英訳、加筆、修正したものです)

□ preceding　前述の　　□ surface　表面　　□ elaborate　精巧な、入り組んだ
□ artifact　人工物　　□ observable　見える、観察可能な
□ measurable　測定可能な

　ここでエドガー・シャイン（Edgar Schein）の組織文化論が紹介されています。シャインは組織文化には上から「人工物（目に見える組織構造）」「明文化されている価値観（目標、哲学）」「基本的仮定（無意識の信念、思考様式）」の 3 レベルがある、と論じました。人工物とはオフィスの建物、レイアウト、パンフレット等を指します。ふたつ目の「明文化されている価値観」とは、ウェブサイトなどに示されている哲学、方針、目標等です。最後の「基本的仮定」とは当たり前に思われていて誰もあえて口にしないような信念、価値基準等が当てはまります。

【訳】
　前節では、集合的価値の生成プロセスにおいて個人的価値の創造が重要な要素をになうことを論じた。これはエドガー・シャインの組織文化論を適用することで説明できる。シャインは、組織文化は表層レベル、中層レベル、深層レベルの 3 層からなると論じた。表層レベルは組織の人工物、たとえば組織や環境の特徴（従業員、設備、明文化されたポリシー）といった容易に観察可能なものを指す。中層レベルは直接測定可能な個々の態度と思考プロセスから成る。組織内の個人の意思決定と態度を意識的に方向づけるか

らである。対照的に、深層レベルは直接には測定困難な態度や信念から成る。当人はその存在に気づかず、自分の考え方や意思決定プロセスがその影響を受けていることも知らないからだ。図4はこの3層からなる組織文化の概念を、カラオケにおける集合的価値生成の分析に応用したものである。表層レベルでは、カラオケにおける集合的価値は個々の歌唱力に基づいて生成されるが、この歌唱力には、単なる歌唱力だけでなく、相応しい歌を選ぶ能力と、歌でほかの参加者を巻き込んで場を盛り上げる力も含む。

In martial arts like *Kendo*, the body is trained through sets of specified, sequenced movements known as *kata*. The same philosophy underlies the prescribed set of movements that compose the tea ceremony. The reliance on the tea ceremony of *kata* is the most fundamental approach to realizing the collective value and the individual value of the chanoyu developed by Rikyu. Adapting this perspective to the context of a *karaoke* party, the omotenashi behaviors prescribed by the implicit rules can be considered as a set of *kata*, and these behaviors influence the spirit of *omotenashi* within the individual. In other words, improving one's performance of the *kata* improves one's mind, which leads to further improvement in the *kata*. (Yoshinobu Sato, T. Aishima and M. Parry, "The DNA-like Commonality of the Implicit Rules Shared by *Karaoke* and *Manyoshu*," 日本商業学会で発表した論文を英訳、加筆、修正したものです)

□ sequence　連続、一続き（のもの）　□ reliance　頼り　□ prescribe　指示する
□ underlie　〜の基礎にある

「型」はおもてなしを考えるうえで非常に重要な概念です。表面をなぞり同じ動きをするだけのマニュアルとは異なり、型を習い、磨くことは精神修養につながります。習った結果、あるレベルに達したら不要となるようなものでなく、どこまでも虚心坦懐に続けるものとされています。稽古を続けるなかで精神が磨かれる、まさに「道（どう）」ですね。

【訳】

　剣道など武道では、型として知られる一連の特定の動きを通じて身体を鍛錬する。茶の湯を構成する既定の所作の根底にあるのも同じ哲学だ。型は、利休が発展させた茶の湯の集合的価値と個人的価値を実現するもっとも基本的なアプローチである。カラオケ・パーティにこの視点を取り入れるなら、暗黙のルールによって規定されたおもてなし行動をひとつの型ととらえることができる。この行動は個人のおもてなし精神に影響をおよぼす。言い換えれば、型の所作を稽古することは精神を磨くことであり、さらなる型の上達につながる。

To further elaborate the relationship between *kata* and mind (spirit) of *omotenashi*, we consider the *omotenashi* of *chanoyu* or tea ceremony developed by Rikyu. Building on the *omotenashi* of *renga* gatherings and the *utage* banquets described in the *Manyoshu*, Rikyu identified seven principles that are the foundation of the tea ceremony as practiced in contemporary Japan:

(1)　"Make tea as it will do good for your guest, that is, the situation and positions of the others should be considered.

(2)　Prepare the charcoal for boiling hot water, that is, you should need understand the core essence, not only the manual.

(3)　Arrange a flower as in a field, that is, try to look at the nature, and never worry about surplus decoration

(4)　Make it cool in summer and warm in winter, that is, make the most of feeling of season with the five senses.

(5)　Do before the appointed time, that is, prepare and behave with much time to spare.

(6)　Prepare an umbrella even if when rain is not expected; that is, always prepare for unexpected situations.

(7)　Respect other guests, that is, treat each other with the spirit of *omotenashi*."

A core theme connecting these principles is the importance of the preparation process from the perspective of the guests, rather than from the preferences of the host.

(Yoshinobu Sato, T. Aishima and M. Parry, "The DNA-like Commonality of the Implicit Rules Shared by *Karaoke* and *Manyoshu*," 日本商業学会で発表した論文を英訳、加筆、修正したものです)

□ surplus　過剰な　　□ appointed　約束された　　□ to spare　余分に
□ preference　好み、優先傾向

　茶の湯のおもてなしにおいてもっとも重要な基本というべき「利休七則」が挙げられています。現代のビジネスパーソンの心得としても有用である、として再解釈されているとか。

　なお、「茶道」の英訳ですが、以前は一般に tea ceremony と訳されていました。近年は Sado あるいは Chado とする例が多いようです。

【訳】
　おもてなしの型と心（精神）の関係をさらに探るため、ここで視点をいったん茶の湯に移す。千利休は連歌会席のおもてなしと万葉集に描かれた宴におけるおもてなしを踏まえて、「七則」を定めた。これは現代の茶の湯の基礎でもある。
（1）「茶は服のよきように点て」相手の状況、立場を考えて点てよ。
（2）「炭は湯の湧くように置き」形だけをなぞるのでなく、ツボをおさえた段取りが必要。
（3）「花は野にあるように」本質を見よ、過剰な装飾は不要である。
（4）「夏は涼しく冬暖かに」五感を生かし季節感を大切にせよ。
（5）「刻限は早めに」ゆとりをもって準備、行動すべし。
（6）「降らずとも雨の用意」不測の事態に備えよ。
（7）「相客に心せよ」客同士がおもてなしの精神で接しなさい。
　七則の核となるのは、主人が客の立場に立って準備を行うことの重要性である。主人のひとりよがりではなく、客の立場に立った準備が求められる。

Knowing and learning *kata* is a major premise in the process of training the mind. It is not enough to mechanically execute the steps of the *kata*. One must also understand the principles underlying the steps, such as "Prepare the charcoal for boiling hot water." One practices the *kata* in order to master them, thereby to understand the nature. Practice does not lead to the perfection of *kata*, but the skill and consideration for understanding other's situation and position, and reading the atmosphere that the *kata* really requires. It is noteworthy that chanoyu shares these characteristics with *karaoke settai*, as well as with a *karaoke* party enjoyed among friends or by a close group. Participants understand the purpose of the party, know other's favorite songs, and practice singing beforehand in hopes of delighting all the participants and enlivening the party.

(Yoshinobu Sato, T. Aishima and M. Parry, "The DNA-like Commonality of the Implicit Rules Shared by *Karaoke* and *Manyoshu*," 日本商業学会で発表した論文を英訳、加筆、修正したものです)

□ premise　根拠、前提　　□ beforehand　あらかじめ　　□ enliven　盛り上げる

　日本のおもてなしにおいては、型を稽古するその先に「完璧」はないといわれます。完璧とは、「100 点満点」。その地点まで到達したらもう欠けはない、それ以上努力の必要はないということです。おもてなしではそのような「ゴール」は設定しません。どこまでいってもまだ「よりよく」する余地はあると考えます。他方、米国的なホスピタリティにおいては、基本的にゴール、つまり達成すべき基準（「100 点満点」の基準）が決まっています。その基準をいかに効率よく達成するかがポイントです。このように、おもてなしとホスピタリティにおいて表面的な行為は似ていても、前提となる発想は大きく異なるといえるでしょう。

【訳】

　精神を鍛えるプロセスにおいては、型の知識と修得が前提となる。ここでは型を機械的になぞるだけでは十分ではない。「炭は湯の湧くように置き」とあるように、それぞれの所作の根底にある原理を理解する必要がある。型の稽古は、型を身につけ、それによって本質を理解することを目指す。稽古の先にあるのは型を完璧に行うことではなく、他者の立場や状況を汲み、空気を読む技術と気遣いを身につけることだ。注目すべきは、こうした特徴はどれもカラオケの接待に（友人同士、グループで楽しむ場合にも）通じる。参加者は場の趣旨を理解し、他の参加者の好みをあらかじめ知っておき、皆を楽しませて場を盛り上げられるように前もって歌の練習をしておくことになる。

第 3 章

ソーシャル・マーケティング

1 パタゴニアの事例

Worn Wear: Better than New
How Patagonia's Social Marketing Campaign Enhances
Consumers' Responsible Behavior

Chapter Overview

With its *Worn Wear: Better Than New* campaign, outdoor manufacturer Patagonia challenges the boundaries between social and commercial marketing and succeeds in its attempt to induce behavioral change among their customers. Despite the apparel industry being highly competitive, the campaign propagates a more conscious use of clothing instead of simply disposing of used items and purchasing new ones. Thus, it provides a telling example of how to use corporate activities in inspiring and implementing solutions to the environmental crisis. Following the company's mission to build on the principle of social norms, the campaign introduces practical ways for embodying a lifestyle of voluntary simplicity. Thus, it enhances environmental protection, as well as personal well-being.

(Nina Bürklin, "Worn Wear: Better than New—How Patagonia's Social Marketing Campaign Enhances Consumers' Responsible Behavior," *Social Marketing in Action*, Springer, 2019, p.187)

☐ boundary　境界（線）　　☐ induce　説得する、誘導する、仕向ける
☐ competitive　競争の、競争の厳しい　　☐ propagate　考えを広める
☐ dispose　処分する　　☐ telling　効果的な、有力な　　☐ implement　実施する
☐ norm　規範　☐ embody　具体化する

ここではパタゴニア（**Patagonia**）のソーシャル・マーケティング事例を取り上げます。パタゴニアという会社はご存じの方も多いでしょう。アメリカのアウトドア用品、衣料品等の製造販売を行う企業ですが、売上の増加（使い捨て、買い替えを前提とするマーケティングの成果）をめざすのでなく、環境保護活動をミッションとして打ち出したことで、逆に消費者の支持を集めました。購

買と廃棄をうながすアパレル業界のあり方に社会から疑問の目が向けられている今日、さらには消費者がモノを買わなくなったといわれる今日にあって、パタゴニアは世界的にもっとも注目される企業のひとつと言えるでしょう。

Worn Wear: Better Than New は、パタゴニアが地球環境を守るため、必要ないものは買わないこと、破損したものは修理して長く使うことを訴えるキャンペーンです。同社サイトによると、「企業が果たすことのできる重要な環境的責任のひとつは、長持ちする修理可能な高品質の製品を作ること」と記されています。

Voluntary Simplicity（ボランタリー・シンプリシティ）とは、消費を減らし「本当に必要な物だけ持ち、内面を豊かに生活しよう」という発想です。ミニマリストの思想に通じます。「自発的シンプル生活」と訳せるでしょう。1936 年にマハトマ・ガンディーの弟子であるリチャード・グレッグ（Richard Gregg）が提唱しました。

なお、同社は 2019 年にミッション・ステートメントをさらに踏み込んで「故郷である地球を救うためにビジネスを営む」に変更しています。

well-being（ウェルビーイング）は一言でいえば「幸福」ですが、ビジネスにおいては別のニュアンスを持ちます。これについては後述します。

【訳】
この章の概要

アウトドアメーカーであるパタゴニアは Worn Wear: Better Than New（新品よりもずっといい）キャンペーンで、ソーシャル・マーケティングとコマーシャル・マーケティングの境界に挑み、顧客の行動を変化させる試みに成功している。アパレル業界は競争がきびしいが、このキャンペーンは、使ったら捨てて新品を買うというのでなく、より社会的意識を持って衣料品を使う（着古すまで着る）という考えを打ち出した。したがって、企業として事業活動をしながら環境問題の解決策を提示し、実施する好例となっている。ビジネスを通して社会に貢献するという企業理念に沿って、同社は自発的シンプル生活のライフスタイルを具体的に実践する方法を紹介している。こうして個人のウェルビーイング向上のみならず環境保護に取り組んでいるのである。

Seeking to inspire, educate, and take action, the campaign includes different elements for inducing behavioral change regarding the repair, recycling, and disposal behavior of Patagonia's customers. Among other things, the corresponding activities include physical repair centers for clothing and gear, either permanently or temporarily installed. Moreover, on their website, the outdoor manufacturer communicates personal stories of customers who successfully participated in the campaign, and it offers more than 40 freely downloadable repair guides. Finally, the company has established an online shop for used clothing to implement a practical alternative to current practices of mere consumerism. This case study illustrates how social marketing is applied in a commercial context and illustrates how one far-reaching campaign can thereby induce behavioral change among customers and, in doing so, contribute to the greater good and quality of life.

(Nina Bürklin, "Worn Wear: Better than New—How Patagonia's Social Marketing Campaign Enhances Consumers' Responsible Behavior," *Social Marketing in Action*, Springer, 2019, p.187)

- [ ] among other things　とりわけ　　[ ] corresponding　同様の、付随する
- [ ] temporarily　一時的に　　[ ] install　設定する　　[ ] alternative　別の可能性
- [ ] current　現在の　　[ ] mere　単なる　　[ ] far-reaching　広範囲に及ぶ、遠大な

　最後から2番目の文 a practical alternative to current practices of mere consumerism は「昨今の大量消費主義（大量に消費することがよいことだ、とする考え方）の暮らしとは別の可能性（代替案）」となります。practical ですから、理論ではなく実際の行動様式という意味合いです。

【訳】
　新しい思想を提示し、顧客を教育して、社会的行動に変化をもたらそうとするキャン

ペーンには、パタゴニアの顧客の修理、リサイクル、廃棄に関する行動変化を起こすためさまざまな要素が盛り込まれている。このキャンペーンの活動で特に注目に値するのが、衣料品やギアに関するリペアセンターの設立（期間限定／常設）である。ウェブサイトには、このキャンペーンに参加した顧客の喜びの声が掲載され、修理の手引きが無料で公開されている。また、中古品を扱うオンラインショップを開設し、今日の大量消費主義的買い物習慣とは別の新しい習慣を広めようとしている。本ケーススタディは、ソーシャル・マーケティングが商業的文脈で実施された事例を取り上げる。また、遠大なキャンペーンによって顧客の行動変化がもたらされ、生活の質向上につながることも本ケーススタディで明らかになる。

Campaign Background

In 2013, the outdoor manufacturer *Patagonia* launched its campaign *Worn Wear: Better Than New* to encourage consumers to use and care for their outer wear responsibly. A national initiative throughout the USA marked the starting point of the campaign to help consumers get their clothes repaired in local workshops, instead of simply disposing of them. The campaign aimed to bring about behavioral change from merely consumerist to a conscious lifestyle that includes environmental protection, resembling the idea of voluntary simplicity. Further, the goals of *Worn Wear* comprise the repair and reuse of used gear, which opposes the simple, yet environmentally costly behavior of quick disposal. Now, five years later, the social marketing campaign has reached a new level with over 40 free downloadable repair guides on the Patagonia website, and a complete online shop for used clothing only. Although empirical research to investigate the effectiveness of the campaign is still lacking, the sports manufacturer's marketing approach through the *Worn Wear* campaign provides a valuable learning opportunity.

(Nina Bürklin, "Worn Wear: Better than New—How Patagonia's Social Marketing Campaign Enhances Consumers' Responsible Behavior," *Social Marketing in Action*, Springer, 2019, p.188)

□ launch　開始する、乗り出す、売り出す　　□ initiative　新たな取り組み、構想
□ bring about　引き起こす　　□ comprise　〜から成る　　□ oppose　反対する
□ investigate　調査する　　□ empirical research　実証的研究　　□ lack　欠いている

　ここでは、同社が Worn Wear キャンペーンをはじめる背景について書かれています。

　全体として、この論文は平易な英語で書かれており、また抽象論でなく具体的な事例を扱っているので読みやすいと思います。英語論文に慣れていないうちは、このような企業のケーススタディから入ると理解しやすいのではないでしょうか。興味のある企業・業界であれば、なおさらですね！

【訳】

キャンペーンの背景

　アウトドアメーカーであるパタゴニアは、消費者が社会的責任意識を持ってアウターウェアを使用し手入れするように、と 2013 年に Worn Wear: Better than new（新品よりもずっといい）というキャンペーンを開始した。これは当初、全米規模での取り組みのひとつとして出発したが、やがて消費者が服をただ捨てるのでなく地元で修繕してもらうよう奨励するキャンペーンへと発展した。同キャンペーンは単なる大量消費主義からの脱却を呼びかけ、地球環境の保護をはじめとする、自発的シンプル生活にも近い意識的ライフスタイルへの行動変化をもたらすことを目的としていた。さらに、同キャンペーンの目標には、衣料品のみならず使用済ギアの修理・再利用（リユース）も含まれる。使ったらすぐ捨てるという手軽だが環境負荷の高い消費行動とは反対の立場である。5 年後のいま、同社ソーシャル・マーケティングのキャンペーンはこれまでにないレベルに達している。パタゴニア・ウェブサイト上でダウンロード可能な無料修繕ガイドは 40 を超え、中古品のみを扱うオンラインショップもできた。本キャンペーンの効果についての実証研究はまだ十分ではないが、キャンペーンを通じたパタゴニアのマーケティング・アプローチは貴重な学びの機会を与えてくれる。

The Company—Between Environmental Protection and Business Success

Patagonia, a California-based manufacturer of upmarket outdoor clothing, was founded by climbing enthusiast Yvon Chouinard, after long years of experience in the production of climbing gear. Inspired by a rugby shirt from Scotland a few years earlier, the company introduced brightly colored, functional clothing to the outdoor apparel market in North America. At the beginning, it served merely to support the marginally profitable hardware business for climbing gear. Soon, however, the company expanded its product portfolio to other types of outdoor wear, and targeted different kinds of sport such as surfing or hiking. In 1973, having grown from another small company that made tools for climbers, Patagonia was officially founded. They focused on soft goods like clothing for sports such as skiing, paddling, and trail-running, but also developed products like backpacks and sleeping bags. Right up to the present, alpinism is at the core of this global business that considers itself to be an "activist company."
(Nina Bürklin, "Worn Wear: Better than New—How Patagonia's Social Marketing Campaign Enhances Consumers' Responsible Behavior," *Social Marketing in Action*, Springer, 2019, p.188)

□ upmarket　高級市場向けの　　□ enthusiast　熱狂的な　　□ marginally　わずかに

　マネジメントにおいて product portfolio（プロダクト・ポートフォリオ）とは、自社の商品・事業を分析し管理する方法のひとつです。経営資源の適切な配分を行うため、横軸に相対的市場シェア、縦軸に市場成長率をとったマトリクスを用います。ここでは「商品構成」の意味ととればよいでしょう。

　activist company（アクティビスト・カンパニー）の「アクティビスト」は環境保全や社会貢献的活動を行う人という意味で用いられています。（パタゴニアのオフィシャルサイトをご参照ください。）

【訳】

パタゴニアについて──環境保護とビジネスの両立

　カリフォルニアに本社をもつ高級市場向けアウトドア衣類メーカー、パタゴニアは、熱心なアマチュア登山家イヴォン・シュイナードが登山用品の製造を長年経験したのちに創立した会社である。数年前、スコットランド旅行の際に購入したラグビーウエアにヒントを得て、北米のアウトドアアパレル市場に明るい色使いで機能的な衣類を持ち込んだ。当初は利幅の小さい登山用品の生産販売を支える程度のビジネスでしかなかったが、まもなく商品構成を拡げ、ほかのタイプのアウトドアウエアや、サーフィンやハイキングなど登山以外のスポーツ分野にも進出していった。もともと登山者向け用品を生産する小さなメーカーだったが、1973 年パタゴニアという名称で正式に創立された。スキー、パドリング、トレイルランニングなどのスポーツ用衣類を主力とする一方で、バックパックや寝袋のような製品も開発した。「アクティビスト・カンパニー」と自認しているこのグローバル企業が今日まで核としているのは登山である。

While many conventional apparel producers strive solely to maximize their profits year upon year, Patagonia commits 1% of their total sales or 10% of their profit to hundreds of environmental groups. Despite their already high standards, the company introduced even higher norms for the use of natural animal materials after regularly being attacked by various not-for-profit organizations (NPOs). The company's values echo those of passionate outdoor lovers like climbers or surfers who live and promote a minimalist lifestyle. Patagonia's approach is also reflected in their designs which demonstrate simplicity and utility. Since the company's inception, the manufacturer has invested significant amounts in research and design not only to improve and innovate their materials and designs, but also to enhance their sustainability actions. The company focuses on socially responsible investment as a positive impetus for change.

(Nina Bürklin, "Worn Wear: Better than New—How Patagonia's Social Marketing Campaign Enhances Consumers' Responsible Behavior," *Social Marketing in Action*, Springer, 2019, p.188)

□ conventional　慣習の　　□ strive　努力する　　□ maximize　最大にする
□ minimalist　ミニマリスト（最小限のもので暮らす人）　　□ utility　実用性
□ inception　始まり　　□ invest　投資する　　□ impetus　推進力

natural animal materials の利用方針を見直した背景には、同社のウールを調達する牧場で動物虐待があったとして NPO から批判を受けたことから、一時的にウールの調達を停止し、厳格な規格にのっとったサプライチェーン構築に取り組んだという経緯があります。

sustainability は「持続可能性」です。一般には SDGs = Sustainable Development Goals（持続可能な開発目標）として「地球環境・社会・経済」のそれぞれの面で持続可能である取り組みを指すことも多いです。

socially responsible investment（SRI）は「社会的責任投資」。従来の財務面を重視した投資と異なり、企業が社会的責任（CSR）を実施しているかどうかで投資に関する判断を下し、株主の立場・権利を行使して企業に CSR に配慮した経営を求める投資です。2000 年代半ば以降は ESG 投資（Environment ＝環境、Society ＝社会、Governance ＝ガバナンスに配慮する企業を選んで投資すること）という概念が生まれましたが、SRI と ESG 投資は、実際には通常ほぼ同じ意味で用いられます。

【訳】
　従来型の多くのアパレル企業は自社利益を最大化することにのみ年々汲々としているが、パタゴニアは総売上高の１％あるいは利益の 10％を多数の環境団体の活動支援に充当している。すでに高い行動基準を採用していたものの、さまざまな NPO からの非難を浴びてからは、動物を素材として使用すること（ウール、ダウン、レザー）についてさらにきびしい水準を導入した。同社の価値観は、登山家やサーファーなどアウトドア愛好家が実践し、推奨するミニマリストによるものを反映している。パタゴニアのアプローチは、シンプルさと実用性を兼ね備えたデザインにもうかがえる。創立以来、同社はリサーチとデザインに多額の投資をし、素材とデザインを改善し改革するとともに、

サステナブルな活動を強化してきた。同社はポジティブな変化を社会に引き起こす手段のひとつとして、社会的責任投資に力を入れている。

"Better Than New"—Social Marketing to Enhance Consumers' Voluntary Simplicity

Since its foundation, Patagonia has followed a business ethos holding strong ethical values on which the *Worn Wear: Better Than New* campaign could be founded. Although the outdoor manufacturer strove to adhere to the highest social and environmental standards during all production processes, it admits honestly that even its own products consume natural resources that cannot be replaced immediately or ever. Their *Worn Wear* campaign seeks to put something back by offering practical advice to support consumers in treating their clothing and gear responsibly, e.g., providing free guides on how to repair gear instead of discarding it.

(Nina Bürklin, "Worn Wear: Better than New—How Patagonia's Social Marketing Campaign Enhances Consumers' Responsible Behavior," *Social Marketing in Action*, Springer, 2019, p.189)

□ adhere to　遵守する　　□ admit　認める　　□ replace　取り換える
□ discard　捨てる

【訳】
「新品よりもずっといい」──自発的シンプル生活を消費者に奨励するソーシャル・マーケティング

　パタゴニアは創立以来、企業精神として今回の Worn Wear キャンペーンの基盤となる、きわめて倫理的な価値観を掲げてきた。製造工程すべてにおいて最高レベルの社会的・環境的基準を守ろうと努力しているが、それでもなお自社製品が自然資源を消費し、自然資源に対してすぐにあるいは永久に復元できない影響を与えかねないことを正直に

認めている。Worn Wear キャンペーンにおいて同社がめざすのは、衣類やアウトドア
用品をどのようにすれば責任を持って取り扱えるかについて消費者に実用的なアドバイ
スを提供してサポートすることである。たとえばただ捨てるのでなく、修理する方法を
無料で公開することもその一環である。

The campaign aims to affirm a minimalist lifestyle that embraces aspects of sustainability, such as environmental protection, reusing resources, and consciously making purchasing decisions. Thus, it reflects the idea of voluntary simplicity, a concept that captures choosing an alternative consumption style rather than mere consumerism. Underlying this pursuit, is the awareness that growing numbers of consumers reject the conventional notion of a capitalist economy based on consumerism, rather consciously striving for a lifestyle with less possessions, that will lead to a higher quality of life and greater personal well-being.

(Nina Bürklin, "Worn Wear: Better than New—How Patagonia's Social Marketing Campaign Enhances Consumers' Responsible Behavior," *Social Marketing in Action*, Springer, 2019, p.189)

□ affirm 支持する、認める   □ embrace 受け入れる   □ purchase 購入する
□ capture 捕える   □ reject 拒否する   □ possession 所有

well-being は辞書をひくと「幸福、満足できる状態、福利」などと記されて
いますが、ビジネスの文脈で「ウェルビーイング」という場合、身体面、感情面、
社会面、精神面における健康的状態を指すことが一般的です。満足（ポジティ
ブな感情があり、ネガティブな感情がないこと、全体的に生活に満足している
こと）と生活の充実（自己を受け入れること、個人的に成長できること、人生
における目的を持っていること、環境をコントロールできていること、など）
の両面から成るとされています。

【訳】

　本キャンペーンのねらいは、環境保護、資源再利用、意識的購買決定などサステナビリティを実践するミニマリストのライフスタイルを応援することだ。したがって、ここには自発的シンプル生活という考え方、すなわち単なる消費主義ではない、新たな消費スタイルを選ぶという考え方が反映されている。この試みの根底には、「消費主義に基づく資本主義経済という従来の概念を拒否し、モノを持たないライフスタイルを意識的に求め、それによって生活の質を向上させ、ウェルビーイングを高めようとする消費者が増えている」という認識がある。

SWOT Analysis (Strengths, Weaknesses, Opportunities, Threats) Strengths

One of the key strengths of the *Worn Wear* campaign lies in that it engages directly with customers. Instead of focusing on social marketing advertisements in print magazines or in outdoor media, the campaign succeeds in building personal relationships with their customers. On the one hand, diverse activities reach out to customers in engaging ways that can potentially overcome barriers like the exorbitant effort in getting things repaired. For example, the *Worn Wear* road show with workshops in refurbished trucks offers customers a unique experience to get an instant free repair and at the same time to learn more about the campaign's goals. Further, these experiences demonstrate how much fun this kind of responsible behavior can be. On the other hand, the campaign showcases experienced customers who serve as credible and authentic role models for a conscious lifestyle. Another strength of the campaign lies in Patagonia's corporate philosophy that provides a stamp of credibility to its environmental goals and, thus, also to the campaign. The company's clear mission to "[b]uild the best product, cause no unnecessary harm, use business to inspire and implement solutions to the environmental crisis", emphasizes how the campaign's overall objectives are strongly supported by its overarching business ethos. This assures that consumers conceive of the campaign not as mere commercial marketing, but as a sincere effort to increase environmental protection and induce a behavior change toward the greater good among their customers.

(Nina Bürklin, "Worn Wear: Better than New—How Patagonia's Social Marketing Campaign Enhances Consumers' Responsible Behavior," *Social Marketing in Action*, Springer, 2019, p.190-1)

□ reach out to ～に働きかける、心を通わせる　□ diverse　多様な
□ exorbitant　法外な　□ refurbish　改造する、改装する
□ showcase　展示する　□ credible　信用・信頼できる
□ authentic　本物の、真正の、信ぴょう性のある
□ philosophy　フィロソフィー、哲学、理念　□ stamp　特質、特徴、しるし
□ credibility　信じられること、真実性
□ implement　～を施行する、実施する、実行に移す　□ overarching　包括的な

　Worn Wear キャンペーンが SWOT（Strength, Weakness, Opportunity, Threat）分析に沿って説明されています。SWOT 分析とは、自社の社内リソース（内部環境＝強みと弱み）と、自社を取り巻く外部要因（＝機会と脅威）を照らし合わせて分析し、事業の現状を把握し、課題を発見し、戦略の立案につなげるというものです。

【訳】
SWOT（強み、弱み、機会、脅威）分析
　Worn Wear キャンペーンの強みのひとつは、顧客を直接巻き込むことだ。雑誌や屋外広告を用いてソーシャル・マーケティングを宣伝するのでなく、みごとに顧客と個人的な関係を構築している。壊れたものを修理に出すのはとてつもない手間だが、そんなハードルも超えるような多様な活動を通して顧客に働きかけ、参加をうながす。たとえば、改造トラックでのリペアサービスでは、顧客はその場で手持ちの商品を無料で修理して

もらいながら、キャンペーンの目標について学ぶというユニークな経験ができる。しかもこうした経験によって、この種の責任ある行動がいかに楽しいかも実感できる。同キャンペーンでは、サービスを利用した顧客を、意識的なライフスタイルを自ら実践する、信用に値する本物のロールモデルとして取り上げ、体験談を紹介している。もうひとつの強みはその企業理念であり、環境保護というゴールを目指す姿勢、ひいてはキャンペーンそのものの信頼性がより高まる。「最高の製品を作り、環境に与える不必要な悪影響をできるかぎり抑え、ビジネスを手段として環境問題に警鐘を鳴らし解決に向けて実行する」という明確なミッションを打ち出していることにより、キャンペーンの全体目標と同社の企業理念が一致していることは誰の目にも納得がいく。このため消費者はこのキャンペーンが営利目的とは思わず、環境保護活動を進めソーシャルグッドを増大するべく顧客の行動変化をうながそうとする真剣な取り組みである、と受け止めるのである。

Weaknesses

Nevertheless, despite its stable customer base and strong value system, the *Worn Wear* campaign also has weaknesses, such as the skepticism of other customers, especially those new to their products. Over the past few years, sustainability has emerged internationally as a key social trend, so that many companies in the apparel sector have been caught out on "greenwashing." This causes increased customer insecurity regarding who to trust and what to believe, which carries over to the campaign.

(Nina Bürklin, "Worn Wear: Better than New—How Patagonia's Social Marketing Campaign Enhances Consumers' Responsible Behavior," *Social Marketing in Action*, Springer, 2019, p.191)

□ stable　安定した　　□ skeptical　懐疑的な　　□ catch out　窮地に陥れる、見破る

greenwashing（グリーンウォッシング）は、実態が伴っていないのに、うわべだけ環境保護をしているように見せかけ、消費者に「よいものである」と誤解させることを指します。whitewash とは「うわべを飾ってごまかす」意味

です。「環境に配慮した」という green と組み合わせた造語です。

【訳】

弱み

　安定した顧客基盤とゆるぎない価値観がある一方で、Worn Wear キャンペーンには弱みもある。特に同社の製品について深い知識を持たない顧客には、懐疑的なまなざしが向けられがちだ。ここ数年、サステナビリティは社会の主要トレンドのひとつとして国際的に注目を集めている。アパレル業界ではグリーンウォッシングをあばかれ、窮地に陥った企業も少なくない。顧客は誰を信用していいのか、何を信じればいいのかますます確信が持てなくなっており、このことが同キャンペーンにも影を落としている。

Opportunities

One of the most important opportunities of the *Worn Wear* campaign lies in the development of a new customer mindset toward more sustainability and, ultimately, a higher quality of life. This resonates well with the idea of voluntary simplicity, a lifestyle that strives to reduce conventional consumerism and instead to focus more on experience and personal well-being. Sustainability through simplicity mirrors the company's ethical values and puts relevant social norms in place for its customers. Especially, members of the younger generation, e.g., millennials, possess different personal values to those before them, also engaging themselves in various socially relevant causes in their free time. Mostly, they prefer experiences with friends or out in nature to consumerist activities like purchasing. Another opportunity for *Worn Wear* is constituted in current digitization and the Internet-based advancements, such as mobile applications, through which customers are globally connected and can join forces worldwide. In this way, the *Worn Wear* campaign and its overarching

goals can be disseminated more quickly and at lower costs than be-
fore. Additionally, through the rise of the sharing economy, sharing
and reusing (otherwise idle) resources—an idea underpinned by the
concept of repairing and/or returning used clothes—is more readily
accepted.

(Nina Bürklin, "Worn Wear: Better than New—How Patagonia's Social Market-
ing Campaign Enhances Consumers' Responsible Behavior," *Social Marketing
in Action*, Springer, 2019, p.191-2)

□ resonate with〜　〜と共鳴する　　□ reduce　減らす
□ put in place　導入する、整備する　　□ relevant　関連のある、重要な
□ constitute　〜を構成する　　□ join forces　協力する
□ disseminate　広める　　□ underpin　支える、実証する

　ミレニアル世代とは、1981 年以降に生まれ、2000 年以降に成人を迎えた世
代のことです。物心ついたころから PC やスマートフォン、インターネットが
当たり前にあり自在に使いこなせるデジタルネイティブであり、成長期に金融
危機や環境破壊（災害）、労働問題などが起こったことから社会問題に対する
関心が強く、社会貢献活動に積極的です。物質的な豊かさより精神的な豊かさ
を重視し、仲間とのつながりを大切にするという特徴もあります。今日のビジ
ネスにはミレニアル世代の価値観を知ることがきわめて重要である、といわれ
ます。

　シェアリングエコノミーとは、インターネットを介して、個人間でモノやス
ペース、サービスなどを共有・交換して利用する社会的な仕組みを指します。
日本でもここ数年、急拡大しつつありますね。モノの所有にこだわらないミレ
ニアル世代はシェアリングエコノミーに前向きであるといわれます。

【訳】
機会
　同キャンペーンにおいてもっとも重要な機会とは、顧客の間でサステナビリティや生
活の質向上について新たなマインドセットが広がっていることである。これは、従来型
の消費主義的振る舞いを減らし、経験を大事にして個人のウェルビーイングをもっと見

つめ直そう、という自発的シンプル生活の思想とみごとに符合する。シンプル生活を通じたサステナビリティは同社の倫理観を反映し、また顧客に深く関わる新たな社会的規範を示している。特にミレニアル世代といった若い世代は、それまでの世代とは異なる個人的価値観を持ち、自分が重要であると認めた社会的大義には自由時間に自ら進んで参加する。多くの場合、彼らは買い物のような消費行動よりも、友人と過ごしたり自然に親しんだりすることを好む。もうひとつ Worn Wear キャンペーンの機会としては、デジタル化やネットの発展がある。スマホなどのモバイルツールを通じて、顧客は世界中の人たちとつながり、世界的規模で協力できる。そうすれば、同キャンペーンおよびその包括的目標がより速やかにまた低コストで展開、共有できる。さらに、シェアリングエコノミーが興り、（そのままにしていたら何の役にも立たないような）資源のシェアとリユース――着古した衣料品の修理・リサイクルという取り組みの根底にある発想――が以前より受け入れられやすくなっている。

Threats

Patagonia and Worn Wear experience threats in the growing market of sustainable outdoor gear and the subsequent increase in communication means. While the *Worn Wear* campaign's development in itself can be considered to be a positive one, it brings a challenge of higher competition in the sports industry. A range of sustainability-centered clothing companies have similar genuine aims of improving their production processes; however, a least the same number of companies will abuse the trend toward sustainability merely to maximize their own profit. In the future, the *Worn Wear* campaign needs to be extended into even more countries to stabilize the company's market position as an industry leader. Yet another threat lies in the overall size of the market. While the outdoor-wear market is worth $4 billion in the USA alone, sustainable clothing represents a niche market only. Despite so many tendencies toward increased environmental consciousness, the majority of potential customers worldwide have not transformed their positive attitudes into specific resonating actions, yet.

(Nina Bürklin, "Worn Wear: Better than New—How Patagonia's Social Marketing Campaign Enhances Consumers' Responsible Behavior," *Social Marketing in Action*, Springer, 2019, p.192)

□ subsequent　それに続く　　□ a range of　広範囲におよぶ、さまざまな
□ genuine　本物の　　□ abuse　悪用する　　□ niche　ニッチ
□ potential customer　見込み客、潜在顧客

【訳】

脅威

　パタゴニアと Worn Wear キャンペーンにとっての脅威は、サステナブルなアウトドア用品市場が成長し、コミュニケーション手段が増加したことである。同キャンペーンの展開それ自体は肯定的にとらえられる一方で、スポーツ業界の競争はさらに激化することとなった。サステナビリティを重視して、多くの衣料品メーカーが、自社の生産プロセス改善に真剣に取り組んでいるが、こうしたサステナビリティのトレンドを悪用し、自社の利益を最大化しようとたくらむ企業も少なくとも同じくらい存在する。今後、業界リーダーとしての市場ポジションを維持するためには、Worn Wear キャンペーンをさらに多くの国に広げていくことが必要だ。だが、市場の規模自体にも脅威がひそむ。アウトドアウエア市場は米国単独で 40 億ドル規模であるが、サステナブル衣料はニッチ市場でしかない。環境保護への意識は高まっているとはいえ、世界的に見て、潜在顧客の大多数はその姿勢を具体的行動に移すまでには至っていないのである。

Discussion and Lessons Learned

In a highly competitive environment, Patagonia has often developed innovative, yet risky, approaches such as the *Worn Wear* campaign to redefine the outdoor clothing market. To date, no systematic research has been conducted to investigate this campaign's effectiveness. In spite of anecdotal evidence suggesting success regarding recycling of clothing items, gear being repaired and, hence, increased environmental protection, a thorough study of the campaign and what it has achieved, is still necessary. An analysis to determine the social campaign's success factors from which we can learn with a view to the future would require detailed data, specifically on number of various items, namely items repaired, items returned for reuse or resale on the website, items returned for correct disposal by extraction of fibers for further industrial use, and items sold. Also important would be data on the number of customer's stories shared on the website, and revenue of the *Worn Wear* online shop. Further, in-depth interviews should be conducted with engaged customers to find out more about the campaign's influence on an individual's lifestyle according to the principle of voluntary simplicity. Moreover, capturing retail partners' opinions on the *Worn Wear* campaign to discover potential risks, but especially also success factors of Patagonia's social marketing approach should be worthwhile.

(Nina Bürklin, "Worn Wear: Better than New—How Patagonia's Social Marketing Campaign Enhances Consumers' Responsible Behavior," *Social Marketing in Action*, Springer, 2019, p.199)

□ to date　今まで　　□ anecdotal　逸話の　　□ fiber　繊維
□ revenue　収入、収益　　□ with a view to　〜を視野に入れて

　最終セクションです。やや長くて読みにくいと思える文もありますが、基本的にこれまで見てきた事柄がベースになっていますので、落ち着いて文を追っていきましょう。

　in-depth interview（イン・）デプスインタビューとは、調査対象者と一対一の面接形式で、深い心理や考えを聞き出すインタビューを指します。

　engaged customer はパタゴニアに対して関与度、信頼度が高い顧客を指します。

【訳】

ディスカッションと教訓

　競争の厳しい環境において、パタゴニアはしばしば Worn Wear キャンペーンをはじめとする、革新的だがリスキーなアプローチを進め、アウトドア衣料市場の再定義を試みてきた。同キャンペーンの効果について、これまで体系だった調査は行われてこなかった。衣料品のリサイクルやギアの修理、環境保護の向上に関して成功を示唆するエピソードはあるものの、同キャンペーンおよびその結果について徹底的な調査が必要である。同キャンペーンを分析して成功要因を導き出し、将来に活用するには、詳細なデータが必要となる。特に、修理されたアイテム、リサイクルやリセール用に顧客から返品されたアイテム、回収されて工業用に繊維を抽出する工程にまわされたアイテム、販売されたアイテムなど数量についてのデータが求められる。同様にウェブサイトに顧客の体験談がどれだけ投稿されているか、オンラインショップの収益はいくらくらいかという情報も重要となる。さらには熱心な顧客に対してデプスインタビューを実施し、個々の自発的シンプル生活に同キャンペーンがおよぼした効果を明らかにすることも不可欠だ。さらに、パートナーである小売店側から同キャンペーンについての意見を引き出して潜在的なリスクを探る一方で、パタゴニアのソーシャル・マーケティング・アプローチの成功要因を明らかにすることも重要となる。

Despite a financial crisis in the 1990s, Patagonia has always made commitments in favor of their ecological or social commitments. The business ethos is manifested in their very strong corporate mission. What was implemented as the essence of what Patagonia stands for more than four decades ago, is not only relevant today, but more than ever crucial to the goal of environmental protection. Further, as their certification as *B-Corporation* recognizes, the outdoor apparel company provides a good example of the idea that profit and social concern need not be mutually exclusive. This type of company is rated by an independent agency that applies rigorous standards of environmental and social performance, as well as accountability and transparency. Patagonia, through the *Worn Wear* campaign, so far has shown that when social, environmental, and corporate goals are aligned from the start, they can serve the greater good and society at large.

(Nina Bürklin, "Worn Wear: Better than New—How Patagonia's Social Marketing Campaign Enhances Consumers' Responsible Behavior," *Social Marketing in Action*, Springer, 2019, p.199)

□ stand for　を支持する　　□ certification　認定（書）　　□ mutually　互いに
□ exclusive　排他的な　　□ rigorous　厳格な　□ accountability　説明責任
□ transparency　透明性　　□ at large　一般の

relevant は「関連がある」「適切な」。いま目の前の話題にとって「関連がある」「ふさわしい」、その意味で文脈によって「重要な」と訳す場合もあります。crucial は「きわめて重要な」。同じ「重要」でも、ニュアンスが異なるので気をつけてください。なお relevant の名詞形である relevance は、マーケティングでよく用いられる語です。「自分ゴトととらえること」と考えるとわかりやすいのではないでしょうか。

B-Corporation（B コーポレーション）とは、社会的・環境的ミッションと、株主だけではなく従業員およびコミュニティなどの利害を考慮して責任を果たす企業に与えられる認証（B Corp 認証）です。パタゴニアは 2012 年にこの認証を取得しました。

profit and social concern need not be mutually exclusive の mutually exclusive と need not がポイント。「営利目的と社会的関心は必ずしも矛盾しない」となります。もし構文がわかりにくくなった場合は、これまでの議論とパタゴニアの取り組みを振り返りましょう。

accountability（説明責任）とは、企業（経営者）が外部関係者に経営・財務状況などを説明する責任です。SDGs の 5 つの基本のひとつとして「透明性と説明責任」が挙げられています。

【訳】
　1990 年代に財務危機に見舞われたとはいえ、パタゴニアは環境・社会に対するコミッ

トメントを守りつづけてきた。この企業精神は強固な企業ミッションに表われている。パタゴニアが 40 年以上もの間実践してきた価値観は、今日大きな意味を持つだけでなく、環境保護という目標にとってもかつてないほど重要な意味をおびる。さらに同社が B Corp 認証を得たことは、収益性と社会的関心は両立しうるという好例となっている。この認証を得るには、独立系機関による審査を受け、環境や社会に貢献する活動や説明責任、透明性といった厳格な水準に合格しなければならない。パタゴニアは Worn Wear キャンペーンを通じて、社会、環境、企業が終始同一方向を向いていれば、より一層社会的善につながり、社会全体に貢献できることを示してきた。

2 ソーシャル・マーケティングの変遷

Social Marketing Transformed
Kotler, Polonsky and Hastings reflect on social marketing in a period of social change

Since its academic birth in 1971, social marketing has been transformed. Through 40 years of research and practice social marketing has grown from the earliest attempts to improve individual well-being by harnessing marketing principles to its current status as an innovative approach to social change.

(Sally Dibb and Marylyn Carrigan, "Social marketing transformed: Kotler,Polonsky and Hastings reflect on social marketing in a period of social change," *European Journal of Marketing*, Volume 47, Issue 9, 2013, p.1376)

□ harness　活用する　　□ current　現在の

　いま最も注目を集めるキーワードのひとつ「ソーシャル・マーケティング」。前節ではまず企業（パタゴニア）の事例を見てきましたが、今度は理論の部分を学びます。

　ソーシャル・マーケティングは企業が自社の利益だけを追求するのでなく、社会全体との関わりに重点を置き、社会課題の解決を目的としたマーケティングです。本節および次節では、さまざまな視点からソーシャル・マーケティングの理論を取り上げています。ソーシャル・マーケティングについて多面的に見ていきましょう。

　アカデミックに「誕生」した、と書かれているのは、1971 年に学術論文でコトラーとザルトマン（Kotler & Zaltman）が初めて提唱したことを指します。

　第 1 文の transformed という言葉が鍵ですね。「どう変化したか」つまり、はじめはどんなだったか、その後どうなったか、という変化に着目し、整理しながら読んでいくとスッキリすると思います。ここでは初期の「個人のウェルビーイング向上」から現在は「社会変革への革新的なアプローチ（取り組み、

姿勢)」に変化したという点を押さえておきましょう。

　日本のソーシャル・マーケティングではどうだろうか、と考えをめぐらしながら読むのもよいですね。

　research and practice は「研究面および実務面で」と考えてください。

　本論文は Social Marketing の特別号として、ソーシャル・マーケティングの変遷をたどり、ひとつの（それ自身独立した）研究領域としての正当性を明らかにする目的で書かれたものです。

【訳】
　1971 年にコトラーとザルトマンが論文で取り上げて以来、ソーシャル・マーケティングは変容している。40 年もの研究および実務を通じ、ソーシャル・マーケティングはマーケティング原理を活用することで、個人のウェルビーイングの向上をはかるという最初期の試みから、革新的なアプローチで社会変化を起こそうとする今日の形へと成長を遂げたのである。

The academic origins of social marketing can be traced to Kotler and Levy who argued for a broader remit for marketing, one that superseded toothpaste and soap; challenging detractors who believed that this would divert marketing attention away from critical issues. Although social marketing is no longer controversial and has found "its true nature" namely, changing behaviour, there is still further to go. While social marketing is increasingly recognised to be an effective way to change people's behaviour, providing a fuller critique and understanding of marketing processes and outcomes, the potential for doing so has been far from fully realized.

(Sally Dibb and Marylyn Carrigan, "Social marketing transformed: Kotler, Polonsky and Hastings reflect on social marketing in a period of social change," *European Journal of Marketing*, Volume 47, Issue 9, 2013, p.1376)

☐ trace　たどる　　☐ remit　権限、検討事項
☐ supersede　とってかわる、～の後任となる　　☐ detraction　減損
☐ divert　そらす　　☐ controversial　論争を起こす、議論の的になる
☐ be further to　さらに～する必要がある

　コトラーとレヴィ（Kotler and Levy）は、「マーケティングとは歯磨きや石鹸を売る方法である」という従来の概念を拡げ、新しい視点に立ったマーケティングを提唱しました。

　Although ～の文は、「ソーシャル・マーケティングはもはや論争を引き起こすものではない。また、その本質が行動を変化させることである、という点もすでに明らかになっている。それでも、まだこれで終わったわけではない」という意味です。no longer controversial という表現から「（今は違うが）当初は論争を呼ぶトピックであった」ことを読み取ってください。「まだこれで終わりではない」という言葉から、「では今、どんな問いが残っているのか、何を考えるべきなのか」というように、自分で自分を先へ先へと誘導していきましょう。英文に引っ張られるのでなく、自分から先に何が書いてあるかを予想しながら読む習慣をつけると、英文が無理なく読めるようになります。

【訳】
　ソーシャル・マーケティングの学問的起点はコトラーとレヴィ（1969）にさかのぼることができる。コトラーとレヴィは、マーケティングは単に歯磨きや石鹸を売るためのものではない、と主張し、「そのように範囲を広げてしまったら、マーケティングの重要な問題がなおざりにされる」と反対する学者らに異論をつきつけた。ソーシャル・マーケティングはもはや議論の対象ではなく、人々の行動を変化させるものである、と認識されるようになっている。しかし、それでもまだ研究の余地はある。ソーシャル・マーケティングはマーケティングのプロセスと成果についてより精緻な批評と理解を可能にし、人々の態度を変える効果的な方法として認められるようになったものの、これまでのところそのポテンシャルが充分に実現されているとはいいがたい。

In recent times, social marketing has been the subject of much scrutiny and critique, with the consequence that this is an exciting time to be a social marketer. Spotswood et al.'s examination of difficult questions about core social marketing concepts is one of a number of publications which surface the tough political issues surrounding the field. Such dialogue is to be encouraged as we believe that engaging scholars in critical debate will underpin the development and deepening of social marketing. Our special issue further develops that debate and discussion. We suggest that the time is right to push back against those who have positioned the field as a "special case" and bring social marketing into the marketing mainstream.

(Sally Dibb and Marylyn Carrigan, "Social marketing transformed: Kotler,Polonsky and Hastings reflect on social marketing in a period of social change," *European Journal of Marketing*, Volume 47, Issue 9, 2013, p.1377)

□ scrutiny 精査　　□ critique 批評　　□ consequence 結果
□ surface 表面　　□ push back against 反対する

　論文を読むときに気をつけたいのは時制です。過去の出来事なのか、今まで継続しているのか、現時点の動きなのか。あるいは仮定なのか？専門用語に惑わされがちですが、基本的な文法にもしっかり目配りすることをお勧めします。

　ソーシャル・マーケティングは近年精査され、批判もされてきました。その結果、今ソーシャル・マーケターになるのはなかなか刺激的だというわけです。exciting の解釈は迷うところですが、逆を考えると「ソーシャル・マーケターになるのは当然かつ平坦なプロセスであり、とりたてて問題があるわけでもなければチャレンジするような面があるわけでもない」、その反対であると考えてみればわかりやすいと思います。

　先行研究を紹介しているくだりは、まず Spotswood et al.'s examination of difficult questions 〜 is one of a number of publications という骨組みを押さえましょう。そこから「ソーシャル・マーケティングのコアとなる概念に

関する難問についての考察は、この領域（ソーシャル・マーケティング）をめ
ぐる厄介な政治的問題を明るみに出す発表のひとつである」と読めます。著者
はこうした対話を非常に前向きにとらえていますね。

【訳】
　近年、ソーシャル・マーケティングは精査・分析されてきた。だからこそ、今日ソーシャ
ル・マーケターになるのは刺激的である。たとえば、核となるマーケティング概念に関
する難問を吟味したスポッツウッドらは、同領域を取り巻く一筋縄ではいかない政治的
問題を浮き彫りにする。学者が議論に加わることでソーシャル・マーケティングにしっ
かりとした基盤ができる、とわれわれは考えており、こうした対話はさらに推し進める
べきだ。この特別号では、さらに議論を進める。今まさにソーシャル・マーケティング
は「特殊なケース」であるとみなした学者らに反対意見を唱え、ソーシャル・マーケティ
ングをマーケティングの主流に据えるときである。

Perhaps three overarching themes best encapsulate the state of ac-
ademic social marketing to emerge from and run through the special
issue:

(1) Social marketing should rightly be considered as part of the mar-
keting mainstream. Rather than debating whether the field is ac-
tually part of marketing, academics need to accept this fact and
move forward to handle the challenges that it brings.

(2) A developing and deepening of social marketing's capacity to
change behaviour is taking place, although untapped potential
remains. Social marketing is increasingly being applied in new
settings and to new behaviours; is likely to involve multiple stake-
holders working together across a range of upstream, midstream
and downstream interventions; and is embracing new technolo-
gies and marketing theories.

> (3) The relationship between social marketing and commercial marketing remains challenging and complex. Acknowledging these issues is helping to surface ethical and political challenges which the field and those who work within it need to consider.
>
> (Sally Dibb and Marylyn Carrigan, "Social marketing transformed: Kotler, Polonsky and Hastings reflect on social marketing in a period of social change," *European Journal of Marketing*, Volume 47, Issue 9, 2013, p.1376)
>
> ☐ overarching　包括的な　　☐ emerge　出て来る、現れる、出現する
> ☐ encapsulate　要約する　　☐ untapped　未活用の　　☐ intervention　介入

　3つの包括的なテーマが提示されています。全体に通底するスタンスですので、しっかり理解しておきましょう。

　コマーシャル・マーケティング（商業的マーケティング）とはいわゆる従来型の、企業の営利目的で行うマーケティングのこと。マネジリアル・マーケティング（managerial marketing）ともいい、ソーシャル・マーケティングという概念が登場する以前の、従来的なマーケティングを指します。

【訳】
　ソーシャル・マーケティングという学問の現状は、おそらく3つの主要なテーマとしてうまく要約できるだろう。この特別号全体に貫通するテーマである。
1) ソーシャル・マーケティングは、マーケティングの主流としてきちんと受け入れられるべきものである。この領域がマーケティングの一部であるかどうか議論するよりも、学者はまずこの事実を受け入れ、ここからもたらされる課題に取り組む必要がある。
2) ソーシャル・マーケティングが消費者行動におよぼせる影響はますます大きく多様になっているが、まだ手が付けられていない領域は存在する。ソーシャル・マーケティングは新たな環境で、新たな消費者行動に適用が拡大されている。アップストリーム、ミドルストリーム、ダウンストリームで介入する多数のステークホルダーが携わる傾向がある。また、新たなテクノロジーとマーケティング理論が採用されている。
3) ソーシャル・マーケティングとコマーシャル・マーケティング（営利目的のマーケティング）の関係性は現在もなお微妙かつ複雑である。こうした問題の存在を認めることで、マーケティングという領域およびマーケターが考えるべき倫理的・政治的課題が見え

やすくなる。

My adventures with social marketing

How did social marketing start?

Before there was social marketing, there was marketing. Marketing theory and practice have played a key role in the success of companies in market-driven economies. It is not enough for a company to develop a product and make it available to the general public. The company has to take a number of key marketing steps. It has to incorporate features of quality and performance that would make the Product attractive to the intended market. The company has to set a Price that the intended buyers can afford. The company has to make the product available in Places that the buyers would find accessible and convenient. And the company has to engage in Promotion aimed at the intended market to inform and persuade them. This set of steps constitutes the backbone of commercial marketing and is summarised as the 4Ps.

(Sally Dibb and Marylyn Carrigan, "Social marketing transformed: Kotler, Polonsky and Hastings reflect on social marketing in a period of social change," *European Journal of Marketing*, Volume 47, Issue 9, 2013, p.1378)

□ market-driven　市場主導型の　　□ incorporate　〜を包含する
□ constitute　〜を構成する　　□ afford　（買う）余裕がある

　以降のセクションでは、ソーシャル・マーケティングに関する3名の学者による考察を見ていきましょう。まず「近代マーケティングの父」フィリップ・コトラー（Philip Kotler）からです。ソーシャル・マーケティングが起こる以前の、いわゆる営利目的のマーケティングについて書かれています。市場主導型経済で企業の業績に主要な役割をはたしたのがマーケティングの理論と実践

でした。企業はただ製品を開発して消費者のもとに届けるだけでなく、いくつもの段階を踏む必要があります。その「段階」として挙げられているのが、4P（Product ＝製品、Price ＝価格、Place ＝流通、Promotion ＝販売促進）です。

【訳】
ソーシャル・マーケティングと私
「そもそものきっかけ」

ソーシャル・マーケティングが登場する以前に、マーケティングがあった。市場主導型経済において、企業が成功を収めるうえでマーケティング理論と実践は主要な役割をはたしてきた。企業は製品を開発して一般大衆が購入可能にするだけでは十分でない。主要なマーケティングの段階をいくつか踏まなければならないのである。製品（Product）はターゲット（想定顧客）に魅力的に映る品質と性能を備える必要がある。価格（Price）はそうした客が購入できる値段にするべきだ。製品の流通（Place）は買い手がアクセスでき不便を感じないように考えるべきだし、ターゲットに向けてプロモーション（Promotion）を行い、情報を与え買う気にさせることも必要となる。この４つの段階はコマーシャル・マーケティングの柱であり、4P と要約される。

At the time, most academic marketers were engaged in studies of specific commercial markets such as automobiles, toys, housing, clothing, and sundry other markets. Markets and marketing were booming. Professor Sidney Levy and myself began to ask the following question, "Can marketing philosophies and tools work to sell other things besides commercial products and services?". G.D. Wiebe had raised an interesting question many years earlier: "Why cannot you sell Brotherhood like you sell soap?"

(Sally Dibb and Marylyn Carrigan, "Social marketing transformed: Kotler, Polonsky and Hastings reflect on social marketing in a period of social change," *European Journal of Marketing*, Volume 47, Issue 9, 2013, p.1379)

□ sundry　いくつかの　　□ boom　人気が出る、にわかに活気づく
□ brotherhood　兄弟愛

　当時のマーケティング学者はほとんどが何か特定の市場に絞って研究していました。1960年代半ばですから、市場もマーケティングも活気に満ちていた時代です。（ちなみに日本に「マーケティング」という概念が導入されたのは1955年のことです。日本生産性本部の会長、石坂泰三氏（東芝）を団長とする視察団が米国でマーケティングの重要性を目の当たりにしたことから、日本でもマーケティングが必要ではないかという議論が生まれ、翌年にはマーケティング専門視察団が米国に派遣されました。）

　コトラーとレヴィはマーケティングの可能性について、一歩踏み込んで考えました。いわゆる「商品・サービス」以外のものをマーケティングの哲学やツールで売ることはできないだろうか、と営利目的のマーケティングを非営利目的へと拡大できることを示して見せたのです。

【訳】

　当時、マーケティング研究者のほとんどは自動車や玩具、住宅、衣料品、その他もろもろの特定市場の研究に取り組んでいた。市場もマーケティングにも活気があった。シドニー・レヴィ教授と私（コトラー）は「マーケティングの哲学とツールを使って、商業的な製品・サービス以外のものが売れないだろうか」と考えるようになった。その何年か前にG・D・ウィーブが興味深い問いを提示していた。「石鹸を売るように友愛を売れないだろうか」

This started the broadening movement in marketing. Sidney Levy and I argued that marketing can be applied to marketing places (cities, regions, nations), people (celebrities or creating celebrities) and causes (eat more nutritious food, exercise regularly). Our position was opposed by some influential academic marketers who felt that this broadening would dilute and confuse marketing but when a vote was taken in the academic community, most academic marketers favored the broadening movement.

(Sally Dibb and Marylyn Carrigan, "Social marketing transformed: Kotler, Polonsky and Hastings reflect on social marketing in a period of social change," *European Journal of Marketing*, Volume 47, Issue 9, 2013, p.1379)

☐ nutritious　栄養の多い　　☐ dilute　薄める、希薄化する　　☐ confuse　混乱する

　マーケティングの概念を拡大していくなかで、コトラーとレヴィは場所、人、大義にもマーケティング理論が応用できると主張しました。これには反対意見もあり、最後の文に書かれています。Our position was opposed by some influential academic marketers who felt that this broadening would dilute and confuse marketing　まででいったん切りましょう。

【訳】
　これが始まりとなって、マーケティングを拡大する動きが起こった。レヴィと私（コトラー）は、マーケティング理論は場（都市、地域、国）、人（有名人あるいは有名になりたい人）、大義（栄養ある食事をとる、定期的に運動する）等を「売り込む」際にも適用できると主張した。有力なマーケティング学者のなかには反対する人たちもいた。マーケティングの対象領域をこのように拡大してしまったら、焦点があいまいになって混乱が生じるというのだ。だが実際に学会で賛否を問うと、マーケティングの対象領域を広げることに賛成する向きがほとんどだった。

Three social marketing questions

The question of how social and commercial marketing relate continues to be debated. One might think of the alternative positions as depicted by the following set of diagrams, with commercial and social marketers both arguing as if they are separate and unrelated domains. At the other extreme, there are those who would argue that social marketing is a sub-set of the commercial marketing approach. However, I see them more as intersecting approaches and philoso-phies.

However, even when people agree there are linkages, there is still debate about how much they overlap.

(Sally Dibb and Marylyn Carrigan, "Social marketing transformed: Kotler,Po-lonsky and Hastings reflect on social marketing in a period of social change," *European Journal of Marketing*, Volume 47, Issue 9, 2013, p.1385)

□ depict　描写する　　□ diagram　図表　　□ domain　領域
□ extreme　極度の　　□ sub-set　部分集合　　□ intersect　交わる
□ overlap　〜に重なる、部分的に一致する

　ここからはマイケル・ポロンスキー（Michael Polonsky）の考察です。ソーシャル・マーケティングとコマーシャル・マーケティングはどのような関係にあるのか。ポロンスキーはまず既存の見解を示しています。ひとつは、両者は別々のものという見方。もうひとつは、ソーシャル・マーケティングはコマーシャル・マーケティングの一部分であるという見方です。

　これに対して、ポロンスキーは第3、第4の見方があるのではないかと述べています。ソーシャル・マーケティングとコマーシャル・マーケティングは別物でもなければ、どちらかがどちらかに含まれるものでもない。部分的に重なっているものではないか、と。

【訳】
ソーシャル・マーケティングの３つの問い
　ソーシャル・マーケティングとコマーシャル・マーケティングの関係については、今も議論がつづく。以下の図で示されるように、両者は別物で（※本書では図は省略）たがいに無関係であるかのように考える人もいるだろう。逆にソーシャル・マーケティングはコマーシャル・マーケティングの一形態であると主張する人もいる。私はこのふたつのアプローチの手法や価値観は部分的に重なっている、と考えている。
　とはいえ、両者に接点があることに同意が得られたにせよ、どれくらい重なっているかは、まだ意見が分かれるところだ。

My perspective is that social and commercial marketing are con-
cerned with changing the behaviour of a targeted audience, whether
it be to buy more of a given brand of soft-drink OR to drive less irre-
sponsibly. In both instances, marketers seek to change behaviour,
attitudes and intentions in a way that is more beneficial for the indi-
vidual and society. Thus, in reality commercial and social marketing
are the same, but the distinction is in the emphasis, as applies in
almost all marketing situations. Thus, we might think of commercial
marketers focusing on the benefits to the self, and social marketers
focusing on the benefits to society. However, in reality, both social
and commercial marketers are focusing increasingly on both types
of benefits.

(Sally Dibb and Marylyn Carrigan, "Social marketing transformed: Kotler, Po-
lonsky and Hastings reflect on social marketing in a period of social change,"
European Journal of Marketing, Volume 47, Issue 9, 2013, p.1386)

□ intention　意図　　□ benefit　利益（になること）　　□ distinction　区別
□ irresponsibly　無責任に

　ここで、著者の意見が説明されています。「ソーシャル・マーケティングと
コマーシャル・マーケティングは、いずれもターゲットとする顧客の行動を変
えるという点にかかわっている」というものです。whether it be to buy more
of a given brand of soft-drink OR to drive less irresponsibly は、「特定の
ブランドのソフトドリンクの購買量を増やす」にせよ、「もっと責任感をもっ
て運転するようにうながす」にせよ、どちらにしても行動変容であるという
ことです。こう考えると、確かに commercial and social marketing are the
same といえそうです。両者の違いはどこに焦点を置くか、です。コマーシャル・
マーケティングは自己にとっての利益に焦点を置き、ソーシャル・マーケティ

ングは社会の利益に焦点を置いている、というのです。

【訳】

　私の考えでは、あるソフトドリンクの購入量を増やすにせよ、無責任な危険運転を減少させるにせよ、いずれにしてもソーシャル・マーケティングとコマーシャル・マーケティングはターゲット顧客の行動を変化させることにかかわっている。どちらの場合にも、マーケターは個人や社会にとってよりよくなるよう人々の行動や態度、意志を変えようとしている。こうして、実のところコマーシャル・マーケティングとソーシャル・マーケティングは同じであるが、ほとんどすべてのマーケティングにあてはめると、何に力点を置いているかが異なる。コマーシャル・マーケティングでは自己にとってのメリットに焦点をあて、ソーシャル・マーケティングでは社会にとってのメリットに焦点をあてているといえそうだ。しかし実際、ソーシャル・マーケティングにせよコマーシャル・マーケティングにせよ、どちらか一方でなく両方のメリットに力を入れるようになってきている。

One could possibly even argue that the increased interest in corporate social responsibility (CSR) within marketing is an attempt to integrate societal values into marketing activities. Firms seek to persuade consumers to select brands not only based on their functional value but also on their wider societal benefits, that is, to make a purchase that meets consumers' needs and benefits society. Social marketers have traditionally drawn on the benefits of changes in behaviour accruing to the individual as well as to society, although the distinction is sometimes more subtle.

(Sally Dibb and Marylyn Carrigan, "Social marketing transformed: Kotler, Polonsky and Hastings reflect on social marketing in a period of social change," *European Journal of Marketing*, Volume 47, Issue 9, 2013, p.1376)

□ integrate　統合する　　□ societal　社会的な　　□ predominantly　主に
□ accrue　もたらされる　　□ draw on　うながす

　ここで societal という単語が登場しました。societal とは「社会に関する、社会的な」という意味です。本来的にいえば、social が社会に属する「人」や人間関係に焦点を当てるのに対し、societal は社会全体、あるいは社会をシステムとしてとらえている点が異なります。別の見方から説明するならば、ソーシャルには〈ミクロレベルのソーシャル〉と〈マクロレベルのソーシャル〉のふたつのレベルがあり、後者の、社会全体を意味するソーシャルが「ソサエタル」です。なお、現在ソーシャル・マーケティングといわれるものは、以前はソサエタル・マーケティングと呼ばれていました。

【訳】
　マーケティングにおいて企業の社会的責任（CSR）に関心が高まっていることから、社会的価値がマーケティング活動に組み込まれようとしていると考える人もいるだろう。企業は機能性だけでなく社会的メリット、つまり購入が社会のためになるという視点に立ってブランドを選んでほしいとアピールする。「社会のため」と「個人のため」ははっきり区分できない場合もあるが、ソーシャル・マーケターは、社会のためにも個人のためにもなるとして行動変容を訴えてきた。

Thus, I think the distinctions between social marketing and commercial marketing are artificially created. It may be that, in reality, the question is one of emphasis, that is, whether the focus is on the individual or society? It may even be that they are not mutually exclusive but, rather, two dimensions that can be emphasised to varying degrees.
(Sally Dibb and Marylyn Carrigan, "Social marketing transformed: Kotler, Polonsky and Hastings reflect on social marketing in a period of social change," *European Journal of Marketing*, Volume 47, Issue 9, 2013, p.1387)

　□ artificially　人為的に　　□ to varying degrees　程度の違いはあっても

「ソーシャル・マーケティングは特別なものではなく、コマーシャル・マーケティングと別個のものでもない。あえて人が区別するからふたつの別個の領域となっただけで、元をたどれば、ほとんど同じである」として、ポロンスキーはこの英文を結んでいます。

【訳】
　それゆえ、ソーシャル・マーケティングとコマーシャル・マーケティングの違いは人為的なものだと私は考える。実のところ、問題は、どこにポイントを置くか、つまり個人に焦点を置いているのか、社会に置いているのかの違いではないか。ソーシャル・マーケティングとコマーシャル・マーケティングはたがいに相容れないものでなく、むしろコインの裏表のようなものであり、注目する部分が異なるだけだ、といえないだろうか。

Marketing as if people mattered

Plus ça change, plus c'est la même chose

The challenges facing the world – and therefore social marketing – have not changed in the last decade; they have just become much clearer and massively more pressing. They combine two major threats – corporate power and anthropogenic climate change– and one dauntingly ambitious opportunity: empowered social change. These challenges have fundamental implications for our discipline, how it relates to commercial marketing and its theoretical – indeed philosophical – underpinnings.

(Sally Dibb and Marylyn Carrigan, "Social marketing transformed: Kotler,Polonsky and Hastings reflect on social marketing in a period of social change," *European Journal of Marketing*, Volume 47, Issue 9, 2013, p.1388)

□ pressing　差し迫った　　□ anthropogenic　人間が原因の
□ dauntingly　圧倒されるほど　　□ discipline　学問領域

　ここからジェラルド・ヘイスティングズ（Gerald Hastings）による論考（抜粋）になります。plus ça change, plus c'est la même chose は「変われば変わるほど、変わらない」。フランスの評論家でジャーナリストのジャン＝バティスト・アルフォンス・カール（Jean-Baptiste Alphonse Karr）の言葉です。どのような意味合いで引用されているのか、考えながら読むとよいでしょう。

　ヘイスティングズの文章はひねった（文学的な）表現が多用され、本セクションに収められた 3 本の論考のなかでもやや難易度が高めです。なぜそう考えられるのかについての説明が省かれていたり、言葉と言葉の「間」があえて説明されなかったりして、読みにくいと思われるかもしれません。個人的には魅力的な文章だと思いますが。

【訳】

人間重視のマーケティング

「変われば変わるほど、変わらない」

　世界が、ひいてはソーシャル・マーケティングが直面する課題は、この 10 年で変わっていない。課題がより明確になり、切迫度がとてつもなく増しているだけである。この課題によって 2 大脅威——企業の力と、人間によって引き起こされた気候変動——と途方もないチャンスが結びつき、社会変革をうながした。これらの課題は、われわれの学問に根本的な問いをそれとなくほのめかす。その問いとは、コマーシャル・マーケティング（営利目的のマーケティング）とその理論的基盤——まさに思想上の基盤——にどうかかわっているのかという問いである。

Marketing as oxymoron

The global financial crisis, on-going since 2008, has confirmed some uncomfortable truths about the power and influence of big business. These concerns are not new. Think of the United Fruit Company fomenting war in Guatemala, or the Chicago School aiding and abetting Pinochet's brutal dictatorship. Recall also that John Steinbeck was warning us about the rapacity of the banks back in 1939, and Eisenhower of the threat from the "military industrial complex" a generation later.

What is novel is that recent events have brought these anxieties much closer to home for us in the wealthy minority world. What could be glossed over as historical anomalies in faraway places have suddenly become all too clear and present dangers.

(Sally Dibb and Marylyn Carrigan, "Social marketing transformed: Kotler, Polonsky and Hastings reflect on social marketing in a period of social change," *European Journal of Marketing*, Volume 47, Issue 9, 2013, p.1388-9)

□ foment　あおる　　□ discipline　学問領域　　□ abet　ほう助する
□ dictatorship　独裁政権　　□ oxymoron　矛盾語法　　□ rapacity　強奪
□ gloss over　隠す　　□ anomaly　例外

　ユナイテッド・フルーツ・カンパニー（the United Fruit Company）はプランテーションで生産したバナナや砂糖を扱うアメリカ企業です。一企業の域を超え、中央アメリカを支配し、政治にも深く関与しました。

　シカゴ学派（the Chicago School）はミルトン・フリードマン（Milton Friedman）ら新自由主義を信奉するシカゴ大学出身の経済学者らを指します。チリのピノチェト軍事政権に深く関わりました。

　ジョン・スタインベック（John Steinbeck）はアメリカの作家。『怒りの葡萄』（*The Grapes of Wrath*, 1939）で銀行に土地を奪われた農民の姿を描き、銀行による無慈悲な強奪に警鐘を鳴らしました。

　アイゼンハワー大統領（Dwight D. Eisenhower）は 1961 年の退任演説で軍産複合体の危険性について触れています。

　それぞれの例を追うだけでなく、これらの具体例から何を言わんとしているのかを考えましょう。

【訳】
撞着語法としてのマーケティング

2008 年より続く世界的金融危機は、大企業のパワーと影響力について穏やかでない真実を裏付けることとなった。ところが、こうした問題は決して珍しいことではない。ユナイテッド・フルーツ・カンパニーがグアテマラで戦争をあおったこと、シカゴ学派がピノチェト軍事政権に顧問として参加していたことを思い出せばよい。ジョン・スタインベックは『怒りの葡萄』(1939) で銀行の強奪ぶりを暴き出すことで警鐘を鳴らし、一世代のちにアイゼンハワー大統領は軍産複合体の脅威に触れた。

以前と違うのは、こうした近年の出来事により、豊かな国に住んでいる少数派のわれわれにも問題が身近に感じられるようになったことだ。以前は「遠い国で起きた歴史的例外」としてうやむやにできたことが、ここにきてすべていきなり白日の下にさらされ、危険なものととらえられるようになったのである。

The shock is the greater because consumer capitalism was riding so high at the end of the last millennium, having seen off the competition from communism. The first stirrings came with Enron, but the collapse of Lehman Brothers, and the ensuing revelations of greed, venality and corruption of too-big-to-fail corporations, exposed the ineffable hubris in Fukuyama's notion that "the ineluctable spread of consumerist Western culture" had brought us to "the end of history". Far from being some kind of ideological denouement, the final peak of human development, a corporate-led consumer culture is rapidly revealing itself to be a dystopian nightmare.

(Sally Dibb and Marylyn Carrigan, "Social marketing transformed: Kotler, Polonsky and Hastings reflect on social marketing in a period of social change," *European Journal of Marketing*, Volume 47, Issue 9, 2013, p.1389)

□ see off　撃退する、やっつける　　□ stirring　動揺　　□ collapse　崩壊する
□ ensue　後に続いて起こる　　□ revelation　暴露、発覚　　□ greed　強欲
□ venality　金銭ずく　　□ too-big-to-fail　大きすぎて潰せない (企業)
□ expose　さらす　　□ ineffable　言葉にならない　　□ hubris　傲慢
□ ineluctable　避けられない　　□ denouement　大団円
□ dystopian　ディストピア (暗黒世界) の　　□ nightmare　悪夢

エンロン（Enron）は全米でも有数のエネルギー企業でしたが、2001年に不正会計（粉飾決算等）が発覚しました。

リーマンブラザーズ（Lehman Brothers）はアメリカの大手投資銀行。住宅バブル崩壊とサブプライムローン問題の影響で2008年に経営破綻すると、世界的に経済危機が広がりました。

フランシス・フクヤマ（Francis Fukuyama）はアメリカの政治学者。『歴史の終わり』(*The End of History and the Last Man*, 1992)、は日本でも話題になりました。

なお、2行目の see off はよく使われるので覚えておいてください。

【訳】
　20世紀末、消費資本主義は華々しく発展し、共産主義を完全に圧倒した。だからこそ、いっそうショックは大きい。最初に動揺が走ったのはエンロン事件だが、リーマンブラザーズの経営破綻、それにつづく「大きすぎて潰せない」企業の拝金主義、賄賂体質、腐敗体質が明るみになったことで、欧米の消費文化が逃れられないほど普及したことが歴史の終わりをもたらした、と Fukuyama が指摘するとおり、言語に絶するその傲慢さがさらけ出された。イデオロギーを何らかの形で修正し、大団円を迎えることは夢のまた夢、経済発展の最後のピークである企業主導の消費文化は、悲惨きわまりない悪夢にほかならないことが急速に明らかになりつつある。

The fact that marketing is at the centre of this economic vandalism makes life particularly uncomfortable for our discipline. It was marketers who sold the subprime mortgages, the easy credit and the slew of superfluous products that were bought with the ensuing debt. This is marketing as oxymoron; marketing as deceit; marketing as nightmare. How can an MNC proclaim its consumer orientation while living by the rule of the fiduciary imperative, systematically avoiding tax and presiding over an unprecedented increase in boardroom pay – none of which are remotely in the consumer's interest?

(Sally Dibb and Marylyn Carrigan, "Social marketing transformed: Kotler, Polonsky and Hastings reflect on social marketing in a period of social change," *European Journal of Marketing*, Volume 47, Issue 9, 2013, p.1389)

- □ vandalism　破壊行為　　□ mortgage　抵当権　　□ slew　多数
- □ ensuing　次の、つづく　　□ superfluous　過剰な　　□ deceit　偽り
- □ MNC（multinational company / corporation）多国籍企業　　□ fiduciary　受託の
- □ imperative　義務、命令

マーケティングの「闇」の部分が縷々述べられています。なぜマーケターは「肩身が狭い」のでしょうか。この英文は「なぜそうなるのか」「どういうことか」等の細かい説明が省かれていますので、私たちは言葉一つひとつの「間」を読み取る必要があります。見慣れない単語が多いかもしれませんが、著者が言葉に込めた強い問題意識を感じてください。

【訳】
　マーケティングが経済的破壊行為の中心にあることで、われわれマーケティング研究者は非常に肩身が狭い思いをしている。というのも、サブプライム住宅ローンや安易な与信を提供し、持ってもいない金で贅沢品を山ほど消費者に買わせた張本人はマーケターだからである。こうしたマーケティングはつじつまの合わない、詐欺のようなものであり、悪夢そのものだ。多国籍企業は「消費者を大事にします」と公言しながら、どうして株主至上主義にのっとった経営を行い、組織的に税金逃れをし、前例にないほど役員報酬をつり上げるのか。どれをとっても消費者の利益にならないではないか。

Nonetheless, for most of the world, this is marketing – a perception which for us in social marketing presents a major image problem. If our core offering is perpetually being traduced for all to see, our brand too will be damaged. In particular it will be undermined among fellow professionals – the public health doctor who sees the daily evidence of the harm done by tobacco, alcohol and fast food marketing or the social worker whose austerity budgets have been cut yet again even despite the marketing-abetted widening of inequalities.

(Sally Dibb and Marylyn Carrigan, "Social marketing transformed: Kotler, Polonsky and Hastings reflect on social marketing in a period of social change," *European Journal of Marketing*, Volume 47, Issue 9, 2013, p.1389)

☐ perpetually 永久に　　☐ traduce 中傷する
☐ undermine 弱体化する、むしばむ　　☐ austerity 緊縮

　マーケティングが「悪夢」とみなされる状況で、著者はソーシャル・マーケティング研究者として立ち位置の難しさを述べます。

　ヘイスティングスはマーケティングの光と闇、可能性と陥穽について根本的な問いを突きつけています。マーケティングはどこに向かおうとしているのでしょうか。

【訳】
　とはいえ、ほとんどの人にとってはこれがマーケティングだ。ソーシャル・マーケティングを研究する身としては、イメージに関わる大問題である。こちらからの「主要な提供物」がかくも批判を浴びつづけるのであれば、ブランドにも傷がつく。特にこの分野にかかわる専門職の先生のあいだでソーシャル・マーケティングは徐々に効力を失くしていくことだろう。タバコや酒、ファストフードのマーケティングがいかに人々の健康を害するか日々見せつけられる医師しかり、マーケティングにより格差が広がるなか、ただでさえ少ない予算がさらに削られるソーシャルワーカーもしかりである。

3 社会変革へのふたつの道筋

Commentary: Transformative Service Research and
Social Marketing−Converging pathways to social
change

Introduction

As marketing academia entered the twenty-first century, many
scholars began questioning whether the discipline's focus on man-
agerially relevant outcomes, such as customer satisfaction, loyalty,
behavioral intention, word of mouth and so forth, had truly enhanced
consumers' lives and societal well-being. The original goal of the
Association of Consumer Research, after all, was to orchestrate the
natural talents of academia, government and industry to enhance
consumer welfare. As a result, many researchers realized that they
had looked askance at the goal or had forgotten the goal regarding
the betterment of consumer welfare.

(Rebekah Russell-Bennett et al., "Commentary: Transformative service re-
search and social marketing—converging pathways to social change," *Journal
of Services Marketing*, Volume 33, Issue 6, 2019, p.633)

☐ academia　学会　　☐ managerially　経営上　　☐ word of mouth　口コミ
☐ enhance　高める、強化する　　☐ orchestrate　統合する
☐ welfare　幸福、福祉　　☐ look askance at　〜を横目で見る、不信感を持って見る

　ソーシャル・マーケティングとトランスフォーマティブ・サービス・リサー
チ（変容的／変革的サービス研究とも。通称 TSR）を比較したうえで、両者の
融合をめざした論文です。「トランスフォーマティブ」な研究とは「単なる基
礎研究でなく、新しいパラダイム創出につながる」「革新的」研究であり、米
国での注目度の高さから、日本でも意識的に取り入れようとする動きがみられ
ます。

　TSR とは、サービスを通じて社会の改善に貢献することをめざすアプローチ

であり、消費する個人、集団、生態系のウェルビーイングに関するよい変化や改善を生み出すことに焦点を置いています。ウェルビーイングは以前にも扱いましたが、身体面、感情面、社会面、精神面における健康的状態を指します。

　最初の文が多少長いですね。とはいえ、決して複雑な構文ではないので、あわてずに読んでいきましょう。企業が自社の利益のみを追求するのでなく、社会問題やコミュニティ全体のウェルビーイングに目を向けるようになってきた背景についてはほかの論文でも述べられてきたとおりです。

【訳】

はじめに

　マーケティング学界では、これまで顧客満足、顧客ロイヤルティ、行動意思、口コミなど、経営に関する成果を重視してきたが、21 世紀に入ると、はたしてそれによって顧客の生活や社会的ウェルビーイングが本当に向上したのかと多くの学者が疑問を抱くようになった。消費者行動研究学会（ACR）は本来、学界や政府、業界の優秀な人材を結集して消費者の幸福を増すためのものであった。結果として、研究者らは、そうした目標にこれまで本気で取り組んでこなかった、あるいは消費者の幸福を増すという目標を忘れていた、ということに気づいたのである。

This open questioning by consumer researchers of the relevancy of most of their research on solving real problems has echoed throughout the ensuing decade to become a roar among the marketing community. In line with this questioning, service researchers also began to speculate as to whether their research was relevant to consumers' lives and experiences. Indeed, Dagger and Sweeney remarked that although outcomes such as a customer's intention to repurchase from or to recommend a firm remain worthy of exploration, so too are outcomes such as an improved quality of life and consumer well-being.

(Rebekah Russell-Bennett et al., "Commentary: Transformative service research and social marketing—converging pathways to social change," *Journal of Services Marketing*, Volume 33, Issue 6, 2019, p.633)

□ ensuing　その後の　　□ speculate　推測する、熟考する
□ roar　大声、怒号、うねり　　□ repurchase　再購入する
□ recommend　推薦する　　□ in line with　〜と一致して

　ダガーとスウィーニー（Dagger and Sweeney）が指摘するように、「ある会社のことを他人に推薦する」のはロイヤルティの高い顧客行動といえます。従来のマーケティングでは、見込み客に購入をうながし、リピートにつなげて、ロイヤルカスタマーやアンバサダーになってもらうにはどうしたらよいか、といった戦略策定が中心でした。

【訳】
　自分たちの研究は現実の問題解決に本当に関連しているのか、という消費研究者の率直な問いは、その後 10 年間にわたって影響をおよぼし、マーケティング学界におけるひとつの大きなうねりとなった。この問いと足並みを揃えるように、サービス研究者もまた、自分たちの研究が消費者の生活や経験にかかわりがあるのだろうかと問いはじめた。ダガーとスウィーニーは、あるブランドを顧客が再購入したり友人に推薦したりする行動は依然として研究に値するテーマではあるが、消費者の生活やウェルビーイングを向上させることも同じく研究に値するテーマである、と述べている。

By the mid-2000s, consumer and service researchers alike were aligned in their intention to address these research and practical voids by creating new transformative paradigms within their respective disciplinary areas. That is, transformative consumer researchers focus on enhancing consumer welfare and quality of life for all beings affected by consumption across the world; likewise, transformative service researchers focus on improving consumer and societal welfare through services, service providers and service systems. Indeed, one of the ways by which service practitioners may improve consumer welfare is by relieving, or minimizing, the consumer suffering (e.g. pain points) that often occurs in service encounters.

(Rebekah Russell-Bennett et al., "Commentary: Transformative service research and social marketing—converging pathways to social change," *Journal of Services Marketing*, Volume 33, Issue 6, 2019, p.633)

□ A and B alike　ＡもＢも同様に　　□ address　取り組む
□ void　空間、空所　　□ paradigm　枠組み、パラダイム
□ respective　それぞれの　　□ transformative　変形させる、変革を起こす
□ service practitioner　サービス従事者　　□ relieve　軽減する、緩和する

　transformative service research（TSR：変容的サービス研究）という概念は、先にも述べましたが、サービス研究のなかでも比較的新しい領域で、簡単に言えば消費者（個人、集団、エコシステム）のウェルビーイングを追求するものです。

　service encounter（サービス・エンカウンター）とは、顧客がサービスを経験する場面のことです。従業員・スタッフとの人的な接触に限らず、メールやウェブページなどを利用する場面にも当てはまります。製品、サービスに対する顧客の満足度を左右する決定的瞬間となるサービス・エンカウンターのことを「真実の瞬間」（Moment of Truth）といいます。

【訳】
　2000 年代半ばまでには、消費研究者もサービス研究者も同様に、それぞれの領域においてこうした研究と実務の空隙を埋めるべく、新たな変容的（トランスフォーマティブな）パラダイムを創造することに力を注いでいた。すなわち、トランスフォーマティブ志向の消費研究者は、消費者の幸福ならびに消費の影響を受ける世界中の人のウェルビーイングに焦点を当てている。同じくトランスフォーマティブ志向のサービス研究者は、サービスやサービス提供者、提供システムを通じた消費と社会的ウェルビーイングの向上を取り上げる。サービス提供者が消費者のウェルビーイングを向上させる方法のひとつは、サービス・エンカウンターの際に消費者が抱く不満をなるべく小さくするこ

とである。

Social marketers have placed societal well-being at the core of their research since the early 1970s and investigated consumer behaviors, policy and interventions aimed at improving mental, social, financial and physical well-being. In contrast to the general nature of macromarketing, social marketing encourages researchers to actively change human behavior by adopting commercial marketing principles and techniques (i.e. promotion, social media) to improve the welfare of people and the physical, social and economic environment in which they live.

(Rebekah Russell-Bennett et al., "Commentary: Transformative service research and social marketing—converging pathways to social change," *Journal of Services Marketing*, Volume 33, Issue 6, 2019, p.634)

□ macromarketing　マクロ・マーケティング　　□ adopt　採用する
□ intervention　介入、介在

マクロ・マーケティングとは、マーケティングを個人や企業の範囲内でなく国民経済や社会経済など社会全体のなかで捉えていくアプローチを指します。

【訳】
　1970 年代初めから、ソーシャル・マーケティング研究でソサエタルな（社会全体にかかわる）ウェルビーイングが中心に据えられ、精神的・社会的・経済的・身体的ウェルビーイングの改善を目的とした消費行動、方針や介入方法について、リサーチが進められてきた。マクロ・マーケティングとは対照的に、ソーシャル・マーケティングではコマーシャル・マーケティングの原則と技術（プロモーションやソーシャルメディア）を用いて積極的に消費行動を変え、人々がより幸福になり、物理的・社会的・経済的環境が改善することを目指している。

What is transformative service research?

TSR was originally defined as "the integration of consumer and service research that centers on creating uplifting changes and improvements in the well-being of individuals (consumers and employees), families, social networks, communities, cities, nations, collectives, and ecosystems." In short, TSR is service research that centers on creating uplifting improvements in consumer well-being, which, as previously discussed, may be obtained by service practitioners designing services, training service providers and developing service networks that simultaneously work together to relieve, or minimize, consumer suffering that often transpires during service encounters.

(Rebekah Russell-Bennett et al., "Commentary: Transformative service research and social marketing—converging pathways to social change," *Journal of Services Marketing*, Volume 33, Issue 6, 2019, p.634)

☐ integration　統合、統一　　☐ uplift　持ち上げる、向上する
☐ collective　集合の、共同体の　　☐ ecosystem　エコシステム、生態系
☐ transpire　生じる

【訳】
TSR（変容的サービス研究）とは？
　TSR は元来、「個人（消費者と従業員）・家族・社会的ネットワーク・コミュニティ・都市・国家・共同体・エコシステムのウェルビーイングによい変化と改善をもたらすことを中心課題とする消費者とサービス研究の統合」と定義されていた。要するに、消費者のウェルビーイングに貢献することを主眼としたサービス研究ということだが、消費者のウェルビーイングが向上しうるのは、前述のとおり、実務者が力を合わせて、サービスを設計し、現場でサービスを提供するスタッフのトレーニングを行い、サービスネットワークを構築することで、消費者がサービス・エンカウンターで感じる苦痛を軽減あるは最小化するときである。

Three examples of contemporary TSR investigatory studies include topics such as service inclusion, vulnerable consumers and social support. The concept of service inclusion is a response to the unfairness that many consumers experience during service interactions which limits, or destroys, their ability to obtain maximum value from a service. If service organizations practice service inclusion they will provide all customers with "fair access to a service, fair treatment during a service, and fair opportunity to exit a service". Design for service inclusion is a necessary concept and method for transforming all service systems into inclusive life-affirming experiences.

(Rebekah Russell-Bennett et al., "Commentary: Transformative service research and social marketing—converging pathways to social change," *Journal of Services Marketing*, Volume 33, Issue 6, 2019, p.634)

□ investigatory　調査の　　□ inclusion　包含　　□ vulnerable　脆弱な

　TSR の研究例が 3 つ紹介されています。専門用語が並んでいるので戸惑うかもしれませんが、ひとつひとつ説明されていますから恐れる必要はありません。
　ひとつめは service inclusion（サービス・インクルージョン）。「多くの消費者がサービスを得る場面で経験する不公平さへの対応」と説明されています。少しわかりにくいですが、その次の文に具体的に書かれています。端折っていうと、サービス・インクルージョンを実施するとは、「サービスを受けようとするとき、サービスを受けている間、やめるとき、いずれにおいてもすべての顧客が公平に扱われる」ということです。

【訳】
　今日の TSR 研究で取り上げられているトピックには、たとえばサービス・インクルー

ジョン、「脆弱な消費者」、社会的サポートの 3 つがある。サービス・インタラクションにおいて、消費者があるサービスから最大の価値を得ようとする際に不公平を経験すると、その価値が制限されたり、損なわれたりする。そこでこの不公平に対応するのがサービス・インクルージョンである。サービス・インクルージョンを実施している場合、すべての顧客はサービスに公平にアクセスでき、公平なサービスを受け、やめるときも公平に断ることができる。サービス・インクルージョンの設計は、サービスシステムをインクルーシブで肯定的な経験に変えるのに必要な概念であり、方法論である。

Vulnerable consumers are attracting TSR researchers, indeed there have been several special issues in services journals on this topic. For example, TSR researchers have examined the design of services, the use of third places and place identity. The topic of social support often accompanies TSR research on vulnerable consumers through the lens of digital social support.

(Rebekah Russell-Bennett et al., "Commentary: Transformative service research and social marketing—converging pathways to social change," *Journal of Services Marketing*, Volume 33, Issue 6, 2019, p.635)

□ accompany　同行する

　TSR 研究のトピックとしてふたつめに挙げられている vulnerable consumers（脆弱な消費者）は、年齢や身体能力、リテラシー等のためにサービスや製品から被害を受けやすい消費者のことです。EU の定義によれば、社会的・人工統計学的特徴、行動の特徴、個人的状況や市場の環境の結果、市場においてネガティブな結果を経験するリスクが高い人、自己のウェルビーイングを追求する能力が制限されている人、ふさわしい製品を選択、購買することができない人などを指します。

　3 つめに挙げられている social support（社会的サポート）はこの脆弱な消費者との関連で取り上げられることが多い、と書かれています。

【訳】

　「脆弱な消費者」というテーマは TSR 研究者たちの関心の的であり、サービスのさまざまな学術誌でも特集が何度も組まれている。たとえば、サービスのデザイン、「サード・プレイス」の利用、プレイス・アイデンティティといった面で研究が進んでいる。脆弱な消費者に関する TSR 研究によく登場するのは、社会的サポートという概念で、デジタル面での社会的サポートという形でよく言及される。

What is social marketing?

Social marketing seeks to develop and integrate marketing concepts with other approaches to influence behavior that benefits individuals and communities for the greater social good. Social marketing involves influencing individuals, communities, structures, and societies to bring about positive social change. Social problems and issues such as alcohol consumption, smoking, obesity, road safety, energy efficiency, environmental protection, water usage, and fire safety have been investigated by social marketing scholars and practitioners. Contemporary social marketing involves strategic considerations and interventions that are integrated and consider the upstream (policy), midstream (service, communities) and downstream (individual) levels to achieving societal well-being.

(Rebekah Russell-Bennett et al., "Commentary: Transformative service research and social marketing—converging pathways to social change," *Journal of Services Marketing*, Volume 33, Issue 6, 2019, p.635)

□ obesity　肥満

　ここで取り上げられるソーシャル・マーケティングは、前述のとおり、より社会全体にかかわるテーマに焦点を当てています。そもそもソーシャル・マーケティングの実践は、保健・衛生や社会福祉の面で進められていました。

【訳】

ソーシャル・マーケティングとは？

　ソーシャル・マーケティングがめざすのは、マーケティングの概念を発展させ、ほかのアプローチと組み合わせて、ソーシャルグッドの追求を通して個人やコミュニティに貢献できるよう、人々の行動に影響をおよぼすことだ。個人やコミュニティ、組織、社会に影響を与えてポジティブな社会変革を起こすことである。飲酒、タバコ、肥満、危険運転、エネルギー効率、環境保護、水の利用、防災対策といった社会問題が、ソーシャル・マーケティング研究者および実務者に取り上げられてきた。今日のソーシャル・マーケティングは、戦略的思考とさまざまな介入方法を組み合わせ、アップストリーム（政治）、ミドルストリーム（サービス、コミュニティ）、ダウンストリーム（個人）を考慮しながら、社会的ウェルビーイングを達成することをめざしている。

A key characteristic of social marketing is the benchmark criteria used to assess and develop social marketing programs that are distinct from other social approaches, such as social advertising or social media marketing. Andreasen originally identified six benchmark criteria for identifying social marketing which define it to be distinct from commercial marketing. These criteria included a focus on behavior change, the use of consumer research to understand the target market segment, the use of segmentation and targeting, the creation of attractive and motivational exchanges, the use of a methods mix, and understanding the competition. These benchmark criteria were later expanded upon by the National Social Marketing Centre (NSMC) in the UK to include two additional criteria. The first is the inclusion of a customer orientation, which seeks to fully understand participants' lives, behavior and the issues surrounding them through a mix of data sources and research methods. The second is the use of theory to understand behavior and inform the intervention.

(Rebekah Russell-Bennett et al., "Commentary: Transformative service re-
search and social marketing—converging pathways to social change," *Journal
of Services Marketing*, Volume 33, Issue 6, 2019, p.635)

□ benchmark　他と比較するときの基準　　□ criteria　基準　　□ assess　評価する
□ equivalence　同等　　□ segmentation　セグメンテーション

　ソーシャル・マーケティングのベンチマークが紹介されていますが、the
use of segmentation and targeting とは、「誰にでも当てはまる方法」を考え
るのでなく、対象者を共通の特性にしたがってセグメント化し、もっともふさ
わしい方法をとることを意味します。attractive and motivational exchange
とは、新しい行動を採用するにあたってのコストと利益を考慮することを指し
ます。個人にとって魅力的でコストが低く、行動を変化させたくなるような方
法を考えるというものです。

　a methods mix とはマーケティング・ミックスのことで、製品（Product）、
価格（Price）、流通（Place）、販売促進（Promotion）の 4P を指します（139-140
ページ参照）。

　ちなみに、ここに言及されているアンドリーセンは、ソーシャル・マーケティ
ングについて、「対象者と社会の福祉の向上を目的として、自発的な行動に影
響をおよぼす目的で組まれたプログラムの分析・計画・実施・評価に商業分野
のマーケティング技術を応用すること」と定義しています。

【訳】
　ソーシャル・マーケティングのおもな特徴のひとつに、ソーシャル・マーケティング・
プログラムを策定・評価する基準がほかのソーシャル広告やソーシャル・メディア・マー
ケティング等のアプローチと明確に異なることがある。たとえば、アンドリーセンはソー
シャル・マーケティングがコマーシャル・マーケティングと明らかに異なる 6 つの基準
を示した。その 6 つとは、行動変化に重点が置かれていること、消費研究を用いてターゲッ
トを理解すること、セグメンテーションとターゲティングを活用していること、魅力的
で動機づけになるような方法を考えること、マーケティング・ミックスを活用すること、
競合を理解することである。のちに英国の NSMC がこのベンチマーク基準にさらに 2
項目を追加し、合計 8 項目とした。追加された項目のひとつは、顧客志向を取り入れて

いること。すなわちさまざまなデータと研究方法を用いて対象者の生活、行動、課題を十分に理解しようとすることである。もうひとつは、理論を用いて行動を理解し、介入方法を検討することだ。

Comparing transformative service research and social marketing: a converging pathway

The fields of TSR and social marketing started 40 years apart but are converging in their interests. While both social marketing and TSR share a holistic approach to the levels of social change and well-being, there is a different starting point for each of the two subfields. Social marketing commences with the goal of societal change/benefit, which is enshrined within multiple definitions of social marketing, while the starting point for TSR is individual well-being. There are six characteristics of the two pathways to social change that are elucidated as points of difference and similarity. Each will now be discussed.

(Rebekah Russell-Bennett et al., "Commentary: Transformative service research and social marketing—converging pathways to social change," *Journal of Services Marketing*, Volume 33, Issue 6, 2019, p.636)

□ converge　一点に向かって収束する　　□ holistic　全体論的な
□ subfield　部分体　　□ commence　始める　　□ enshrine　正式に述べる、記録する
□ elucidate　明らかにする

　いよいよ TSR とソーシャル・マーケティングの比較分析に入ります。読みながら、共通点と相違点を書き出して整理するとよいでしょう。

　同じ点は、いずれも社会変革とウェルビーイングを目指した全体論的なアプローチであること。違いは、TSR が個人レベルのウェルビーイングを起点にしているのに対し、ソーシャル・マーケティングの場合は社会の利益にポイントが置かれていること。ここは平易な英語で書かれているので、しっかり読んで

いきましょう。

【訳】

TSR とソーシャル・マーケティングは 40 年間にわたり別々の領域であったが、取り上げるテーマには重なる部分が多い。ソーシャル・マーケティングと TSR はともに社会変革とウェルビーイングに対して全体論的アプローチをとる。しかし両者の出発点は異なる。ソーシャル・マーケティングは、社会的変化を起こし社会をよりよくするという目標を掲げて誕生した。そうした目標は、ソーシャル・マーケティングの多様な定義の中に盛り込まれている。一方、TSR の出発点は個人のウェルビーイングである。ここでは、社会変化を起こそうとするこれらふたつのルートの特徴を 6 点挙げ、共通点および相違点を明らかにする。

The starting point for TSR is individual well-being, while the starting point for social marketing research and practice is the benefit to society. While the definition of TSR encompasses all three levels of the service ecosystem, the current empirical evidence in the literature is mostly focused at the individual level, with outcome variables such as well-being or quality of life (possibly because of the nascency of the field).

(Rebekah Russell-Bennett et al., "Commentary: Transformative service research and social marketing—converging pathways to social change," *Journal of Services Marketing*, Volume 33, Issue 6, 2019, p.633)

□ encompass　包む、取り囲む　　□ empirical　経験的な　実証的な
□ outcome variable　結果変数　　□ nascency　発生（すること）

サービス・エコシステムの 3 つのレベルとは、「ミクロレベル＝二者関係レベル」「メゾレベル＝市場レベル」「マクロレベル＝社会レベル」のことです。

【訳】

　TSR の出発点は個人のウェルビーイングであるが、一方でソーシャル・マーケティングの研究および実務の出発点は社会にとってのメリットである。TSR の定義にはサービス・エコシステムの３つのレベルがすべて含まれるが、現在の実証研究においては多くの場合、個人のレベルに焦点が置かれ、個人のウェルビーイングすなわち生活の質といったデータに注目しがちである（本領域の発生過程のゆえだろう）。

The type of activities in the research and practice of a field can be described using a medical metaphor of descriptive, prescriptive and curative activities. While descriptive and prescriptive research is a well-discussed continuum in fields ranging from ethics to learning and organizational behavior, this paper offers a third type of activity drawing on the field of medicine, the aim of which is to improve the lives of humanity through health. Descriptive research focuses on what is occurring, while prescriptive research involves establishing boundaries and rules, and setting out best practice – what should be. The term curative means healing, remedy, improve or eliminate problems; this paper proposes the term curative research activities – what might be. Typically, these activities emerge as a field matures, with each type of activity building on the previous activities in a hierarchical manner. Science at its early stage focused on description, for instance categorizing life forms into different classifications and groups (sometimes called the tree of life) such as bacteria. Then, as medicine developed as a field, the next stage of development was prescription, including methods and research on prediction, for instance the invention of injectable insulin as a means of controlling diabetes. Now that medicine is a well-established field, research seeks to address and solve problems to cure the patient. For instance, cancer treatments such as radiotherapy and angiogenesis inhibitors.

(Rebekah Russell-Bennett et al., "Commentary: Transformative service research and social marketing—converging pathways to social change," *Journal of Services Marketing*, Volume 33, Issue 6, 2019, p.638)

□ metaphor　メタファー、比ゆ　　□ descriptive　説明する、記述的な
□ prescriptive　処方の　　□ curative　治療の
□ organizational behavior　組織行動　　□ draw on　〜を活用する、頼る
□ continuum　連続体　　□ remedy　治療（薬）　　□ eliminate　除外する
□ mature　成熟した　　□ prediction　予想　　□ injectable　注入可能な
□ insulin　インシュリン　　□ diabetes　糖尿病　　□ patient　患者
□ radiotherapy　放射線治療　　□ angiogenesis inhibitor　血管新成阻害薬

　ふたつの領域それぞれで行われる研究者・実務者の活動（descriptive, prescriptive and curative）を、医学のメタファーによって比較しながら説明しています。

　with each type of activity building on the previous activities in a hierarchical manner　この3つのアクティビティは順番に沿って（描写的→処方的→治療的の順で）起こるという意味です。前の段階が成熟したところで次に移るということです。

【訳】
　ある領域の研究と実務における活動は、描写・処方・治療の3つの医学的メタファーで表わすことができる。観察的・処方的リサーチは、倫理学から教育、組織行動論まで幅広い領域でさかんに議論されているが、本論文では健康を通じて人類の生活を改善することを目的とする医学的表現を踏まえ、第3のタイプを提示したい。観察的リサーチは「何が起きているのか」に焦点をおき、処方的リサーチは境界線とルールを設け、「どうあるべきか」という最善の策を示す。治療的（curative）という語は治療・療法・問題の改善を意味する。本論文では「治療的活動」という言葉、すなわち「どうしたらよいか」という視点を提案したい。通常は、領域が成熟するにつれて、これらの活動はそれぞれ直前の活動に基づく形で階層的に生じる。科学は初期の段階で「観察」に焦点を当てていた。たとえば生物をさまざまな階級を用いて分類する（系統樹の作成）などで

ある。そのあと医学が領域として発展するにつれ、次の発展段階である「処方」が注目されるようになった。これには予測についての方法論とリサーチが含まれる。たとえば糖尿病をコントロールする手段としてのインシュリン注射がある。医学が十分に確立した領域となった今、研究では患者を治療するための具体的な手段を発見し、問題を解決しようとしている。たとえば、放射線治療や血管新成阻害薬などの癌の治療である。

This metaphor is now applied to understanding the types of activities conducted by TSR and social marketing researchers. Describing the phenomenon through models of prediction, prescriptive research identifies rules and ways of enacting a phenomenon, while curative research seeks strategies and solutions for the phenomenon. In many ways, these types of research can be considered stages of research that align with the evolutionary approach to the development of a field, as outlined by Fisk et al. The descriptive approach involves defining and conceptualizing the approach, developing models of processes, and equates to the first services evolutionary stage of "crawling out." The second stage of the prescriptive approach involves establishing boundaries and rules, and setting out best practice, and aligns with the "scurrying about" stage. Finally, the curative stage involves developing ways that the approach can solve the problems in creative and unique ways and equates to the "walking erect" stage. Given the nascent nature of TSR, with less than ten years of literature, and the largely conceptual but emerging empirical evidence-base, the stage would be either descriptive or prescriptive compared to the four-decades-long experience of social marketing as a discipline that is now at the curative stage.

(Rebekah Russell-Bennett et al., "Commentary: Transformative service research and social marketing—converging pathways to social change," *Journal of Services Marketing*, Volume 33, Issue 6, 2019, p.638)

> □ phenomenon　現象、出来事　　□ equate　同一視する　　□ crawl　這う
> □ scurry　ちょこちょこ動き回る　　□ nascent　発生の

　上記のメタファーを TSR とソーシャル・マーケティングに当てはめてみましょう。処方的アプローチは、今起こっている事柄を予測のモデルを用いて説明し、その事柄を変化させるための要素やルールを割り出します。一方、治療的アプローチでは、今起こっている事柄に対する解決策を探っていく、ということです。

　crawling out, scurrying about, walking erect という子どもの成長過程を示す言葉が用いられています。ここで述べられるように、フィスクらは、サービス研究の歴史を crawling out（ハイハイの時期、1953-1980 年）、scurrying about（ヨチヨチ歩き、1980-1985 年）、walking erect（立って歩く時期、1986-1993 年）と子どもの成長過程にたとえて分類しました。

　なお、この論文の結論部分（本書では紙幅の関係で省いています）は、TSR とソーシャル・マーケティングのふたつのアプローチの特徴（TSR は個人的レベル、ソーシャル・マーケティングは社会全体のレベル）を改めて整理した上で、両者を組み合わせ、ともに用いることで、社会変化をもたらし、人々のウェルビーイング向上へ大きな一歩を踏み出すことができる、としています。

【訳】
　では、このメタファーを TSR とソーシャル・マーケティング研究のタイプに当てはめてみよう。予測モデルを通じて現象を描写する処方的研究は、ある現象を生じさせる法則と方法を割り出す。一方で、治療的研究は、戦略を立てて現象の解決を探ろうとする。フィスクらが述べるように、さまざまな意味でこのタイプのリサーチは進化論的発展を遂げていると考えることができる。観察的アプローチでは、アプローチを定義し、概念化して、プロセスのモデルを開発する。サービスの進化でいうと第 1 の「ハイハイ」の段階と見なされる。処方的アプローチという第 2 の段階では、境界線とルールを定め、ベストプラクティスを定義する。ここでハイハイからヨチヨチ歩きになったわけだ。治療的アプローチという第 3 の段階では、創造的かつ独自の問題解決法を見出そうとする。「立って歩く」段階であるといえる。TSR がまだ発生段階で先行研究も 10 年に満たず、そのうえ大半が概念的な研究で、実証的研究はまだこれからであると考えれば、観察的あるいは処方的段階だろう。かたやソーシャル・マーケティングはすでに 40 年の歴史があり、治療的段階に到達しているのである。

解　説

佐藤善信
（関西学院大学経営戦略研究科教授）

マーク・パリー
（ミズーリ大学カンザスシティ校
ヘンリー W. ブロック・スクール・オブ・マネージメント教授）

ポスト・コロナ時代の共感マーケティング

　ポスト・コロナ時代のマーケティングの役割は大きく変化していくと考えられる。では、どのように変化するのだろうか。結論を先にいうならば、マーケティングは価値共創の直接の担い手として「共感をベースにしたコミュニティの形成・発展」に貢献することが求められる。以下では、これを目的としたマーケティングを「共感マーケティング」と呼ぶことにする。

　ここ数年、社会科学の分野において「共感」をキーワードにした論文が激増している。自然科学の領域においても「利他的遺伝子」の存在・役割についての論文をはじめ、さまざまな下位領域で共感についての研究が進展している。それだけ、世の中の人々が共感の重要性を認識しているということであろう。ポスト・コロナ時代には、共感の重要性はさらに加速度的に上昇すると考えられる。

　人々の共感をベースとしたコミュニティ活動とそこでの価値共創に、共感マーケティングがいかにかかわっていくか。これは今後のマーケティングの実践で重要な視点である。

　本書で取り上げた論文のキーワードを考えれば、その方向性はおぼろげながら見えてくるだろう。サーバント・リーダーシップ、関係性マーケティング、社会貢献型経営理念の組織内外への訴求、ミクロレベルでの価値共創および日本的おもてなしとインプロビゼーション（タクト）、そしてマクロレベルでの価値共創の基底であるパーパス・ビジョンの実現、これはまさに共感マーケティングのキーワードである。

　さらに、VUCA時代の共感マーケティングに決定的に重要となるのは、ビジネス・インプロビゼーションである。米国でビジネス・インプロビゼーションが注目された時代背景はまさにVUCA世界が注目され始めた時期と一致している。今後は、共感をベースにしたマーケティング・インプロビゼーション能力が必須とされる世界が訪れるとみられている。その能力を身につけるためにも、本書に収録した論文を読み、役立ててもらいたい。

本書で取り上げた論文の布置連関

　では、本書で取り上げた論文全体を見渡し、それぞれがどのような関係となっているのかを説明しよう。図1は論文全体の布置連関を示している。図の①②③④⑤⑥⑦⑧⑨は、それぞれ第1章 ①、②、③、第2章 ①、②、③、第3章 ①、②、③で取り上げた論文を指す。なお、本書では紙幅の関係上、各論文のすべてを取り扱うことはできなかった。以下、説明を補足しつつ各論文の重要性を整理していく。

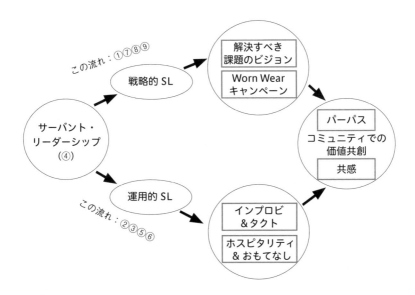

第1章　関係性マーケティングと価値共創
①　①　スポーツにおける価値共創
②　②　CSR と価値共創
③　③　価値共創と顧客市民行動（CCB）
第2章　インターナル・マーケティングとホスピタリティ
④　①　サーバント・リーダーの機能
⑤　②　教育におけるケア、思慮深さ、タクト
⑥　③　万葉集の宴とカラオケのルールの DNA 的連続性
第3章　ソーシャル・マーケティング
⑦　①　パタゴニアの事例
⑧　②　ソーシャル・マーケティングの変遷
⑨　③　社会変革への二つの道筋

図1　本書で取り上げた個々の論文の位置付け（共感マーケティングの構図）

図1の出発点は第2章 ① の「サーバント・リーダーの機能」についての革新的な論文である。同論文は、サーバント・リーダー（SL）を、戦略的 SL と運用的 SL に分けている。（ここでは "operational" を「運用的」と翻訳しているが、意味からすれば「現場レベルでの」である。）SL の特徴は、部下（フォロワー）の育成を主目的にしている点である。第2章 ① の論の趣旨を出発点として、図1は戦略的 SL と運用的 SL に分岐している。第2章 ① の論文の内容を踏まえ、まず戦略的 SL の定義を整理すると次のようになる。

　戦略的 SL は、高いパーパス・ビジョン（社会貢献の目的となる具体的な姿）を設定し、そのビジョンをミッション、戦略そして目標に翻訳し、そして他者の成長に役立つようにそのビジョンを実行し、正しいことの実現のために邁進する役割をはたすリーダーのことである。戦略的 SL の性格としては、勇気と利他主義が重要となる。戦略的 SL が備えるべき最も重要な能力は、説得力があり、かつ共感できるビジョンを構想することである。現場レベルでの運用的 SL にしては、フォロワーと同じ目線に立ち、彼らを保護し成長させることが重要になる。

　戦略的 SL にかかわるテーマは、論文第1章 ① および第3章 ①、②、③ で扱われている。具体的には、第1章 ① はスポーツ競技組織の熱心なファンから構成されるブランド・コミュニティを研究対象としている。同論文の結論部分では「5つの典型的な事例分析を通じて、…スポーツファンの3つの役割（認証者（authenticator）、同化者（assimilator）、および改作者（adapter））と3つのプロセス（評価、再定義、および再配置）が明らかになった」としている。それぞれの役割について、本文に書かれた内容を要約して以下に説明を加えていく。

　認証者としてのファンの役割は、自分の経験・特異性・文化・状況・文脈に従ってブランドのバリュー・プロポジション（ブランドが提供する価値）を確認・保証・正当化することである。同化者としてのファンの役割は、バリュー・プロポジションの文化的および個人的な意味合いを自分自身で楽しみ、その経験の結果を強化することである。改作者としてのファンは、スポーツ組織のバリュー・プロポジションを定期的に再定義したり、操作したり、再配置したりする。多くの場合、彼らは自分たちのファンダム（熱心なファンの世界）を

体験するために、文脈上やシンボル的な資源を改作して利用する。この場合、改作者は、ブランド所有企業にとって意図せざる結果をもたらすことになる。SNS の登場によって、ブランド所有者とそのファンダムとの間の、ブランドの意味をめぐるパワー関係が移行している、ともいえる。ブランド所有者は改作者たちのファンダムの動向を注視し、ブランド・ストーリーなどの改作を防いだり、場合によれば、彼らと協調したりすることが必要となる。

　第3章 ①の論文は「使い捨て文化」を拒否するライフスタイルを社会に浸透させるパタゴニアのソーシャル・マーケティング・キャンペーンのケーススタディである。第3章 ②の論文もソーシャル・マーケティングの学説を論じているが、その中でも Hastings はまさに社会改革のためのソーシャル・マーケティングを提唱する。第3章 ③はソーシャル・マーケティングと変容的サービス研究（transformative service research；TSR）との融合を目指した論文である。どちらも社会的な課題を解決することを共通の目標としているが、TSR はサービス業界における消費者にとっての社会的課題の解決を研究テーマとしている。これら3本の論文は、社会課題解決のための目的とビジョン（理想状態）の設定と、それを達成するための手段を論じている。

　戦略的 SL についての諸論文が社会的な課題にマクロの視点から解決策を模索しているのに対して、運用的 SL の諸論文は個人間のミクロの価値共創を主な研究テーマにしている。第1章 ②、③ の論文がそれにあたる。ここでは、ミクロの価値共創としての顧客市民行動（customer citizenship behavior; CCB)が論じられている。CCB という専門用語は組織市民行動(organizational citizenship behavior; OCB）から派生した概念であり、この概念も SDL（Service Dominant Logic）パラダイムのひとつの研究成果であるといえる。

　OCB は組織のメンバーが行う職務外の自発的な行動（extra-role behavior）を指す。つまり、上司の命令があったわけでもなければ、昇給や昇進の見込みもないことを、メンバーが組織に良かれと思って自発的に行うことである。その顧客バージョンが CCB である。具体的には、企業から指示されたわけでもないのに、新製品などのアイデアを提供する、サービス担当者を自主的に手伝う、組織やサービスの口コミに協力する、顧客を紹介する、サービスに対する不満を我慢する、組織についてネガティブな評価や噂があるときに「そんなことはないと思う」などと組織を弁護する、などの活動が CCB である。

第1章 ②、③の論文はともに価値共創がテーマとなっている。第1章2の論文はベトナムのソフトウエア企業の従業員と顧客数100人ずつにアンケート調査を行い、CSR（企業の社会的責任）を強調した経営理念や経営ビジョンがCCBを促進するのか否かを実証した研究である。本論によって、CSRとCCBの関係が有意になるためには、企業のトップ・マネジメントがSLスタイルを採用し、また顧客に対しては関係性マーケティングを実行する必要があることが明らかとなった。

　第1章 ②の論文が主張するように、ベトナム人のサンプルでこれらの関係が実証されたことは日本にとっても意義深い。日本とベトナムはハイコンテクスト文化に属している。ハイコンテクスト文化は、コミュニケーションの場面で会話に必要な多くの情報が含まれているので、当事者同士は言葉で明示的にコミュニケーションをすることがない。この逆がローコンテクスト文化である。コミュニケーションの場面で会話に必要な情報がほとんど含まれていないので、言葉による明示的なコミュニケーションが必要となる。

　第1章 ③の論文は、宿泊・観光産業において顧客が積極的にCCBを行うには、企業と顧客との間にどのような相互交流（＝価値共創）が実現する必要があるのかを論じている。そこで求められる相互交流としては、企業側が顧客に関する詳細な情報を持つこと、企業文化において顧客との価値共創が重視されていること、顧客と協働すること、サービスを提供する担当者に顧客が好印象を持つこと、担当者が「個客」としてきめの細かい対応を提供すること、がある。この部分はまさに図1の「インプロビゼーション（improvisation）＆タクト（tact）」「ホスピタリティ＆おもてなし」の部分を表現している。この部分を詳細に究明しているのが第2章 ②、③、の論文である。

　第2章 ② の論文は教員養成課程で学んでいる教育実習生と指導教員との関係を、ケア（care）、思慮深さ（thoughtfulness）、タクト（tact）という理論フレームワークを用いて解明している。「ケア」は、実習生を人格的にも能力的にも成長させるため、指導教員が実習生一人ひとりの個性や目的を斟酌しながらきめ細かく対応することを意味する。「思慮深さ」は、個々の実習生の「いま、この場での状況」を深く理解することである。また、「タクト」とは、ケアと思慮深さに基づいて個々の実習生に実際に現場で臨機応変に対応することである。タクトという用語は正確には教育的タクト（pedagogical tact）であ

るが、この言葉の創始者であるヴァン＝マーネン（van Manen）自身は、それを教育におけるインプロビゼーションと説明している。ケア、思慮深さ、そしてタクトはまさに現場レベルでの運用的 SL の発動であるといえる。

　第2章セクション ③ の論文は、日本のおもてなしの源流である万葉集の宴を楽しむためのルールと現代のカラオケ接待の暗黙のルールがほぼ一致していることを明らかにしている。その上でそのルールの特徴を茶の湯のルールと比較し、おもてなしの特徴を西洋型ホスピタリティと比較している。おもてなしもホスピタリティも、ともに事前に計画し準備する点は同一である。しかし、西洋型ホスピタリティは予期せぬハプニングが発生した場合にそれを補正するためにインプロビを活用する傾向にある。逆に、日本のおもてなしにおいては用意周到に計画・準備をしているのであるが、インプロビそのものを楽しむために、そのなかに意表を突くようなズレを発生させたり、新しい仕掛けを考案したりする。さらに、おもてなしの宴においては、自分が楽しんで満足することよりも、全体の雰囲気を盛り上げることに貢献できたことで自分も満足できるという関係が存在する。他方で、ホスピタリティでは、個々人はそれぞれの利益を最大化する行動をとる。

　マクロとミクロの SL の行き着く先は、パーパス（社会的目的）とそれをベースにしたビジョンの下に、それに共感する人々が集うコミュニティの形成・発展とそこでの交流（＝価値共創）である。このコミュニティの活動はそれぞれのパーパスと具体的なビジョンを実現するための活動であるが、交流そのものを楽しみ、結果としてそのパーパス・ビジョンが実現されるという関係が重要である。

　読者の皆さんは、各論文を読み味わうとともに、論文全体を俯瞰して見、確認してほしい。マーケティングの「いま」についてより理解が深まるだろう。

謝　辞　　Acknowledgments

　本書で取り上げた論文のセレクトおよび解説をお願いしました佐藤善信教授（関西学院大学経営戦略研究科）、マーク・パリー教授（ミズーリ大学カンザスシティ校ヘンリー W. ブロック・スクール・オブ・マネージメント）に心より感謝申し上げます。

　特に佐藤善信教授には、おもてなしにおける価値共創をテーマとした博士論文において多大なるご示唆とご助言を賜りました。関西学院大学専門職大学院経営戦略研究科企業経営戦略特論 A の授業（当初は佐藤教授との共同担当でした）が本書の出発点となっています。

　翻訳者の石井ひろみさんにも校正刷りの確認でご協力いただきました。深く感謝いたします。米イリノイ大学経営大学院でＭＢＡを取得された石井さんのご指摘は、大いに助けになりました。

「すべてのわざには時がある」の言葉をかみしめつつ。

2021 年 2 月　　　　　　　　　　　　　　　　　　　　　　相島淑美

相島淑美（あいしまとしみ）

神戸学院大学経営学部准教授。マーケティングとアメリカ文学・文化というふたつの専門を生かし、大学経営学部および大学院において、英語で経営学関連文献を読む授業を担当している。今日的なテーマの英語論文・記事を取り上げ、「マーケティングと英語が両方学べるユニークな授業」として学生から高い支持を得る。

上智大学外国語学部英語学科卒。日本経済新聞社記者を経て慶應義塾大学大学院（文学研究科）に進学し、博士課程単位取得退学。大学英文科専任教員として教鞭をとる。のち関西学院大学大学院経営戦略研究科ＭＢＡ、博士（先端マネジメント）。翻訳家として出版多数（鈴木淑美名義）。

179

引用一覧　Copyrights

Dimitrious Kolyperas, G. Maglaras and L. Sparks, "Sport fans' roles in value co-creation," *European Sport Management Quarterly*, Volume 19, Issue 2, pp. 201-220, 2019.
https://doi.org/10.1080/16184742.2018.1505925

Trong Tuan Luu, "CSR and Customer Value Co-creation Behavior: The Moderation Mechanisms of Servant Leadership and Relationship Marketing Orientation," *Journal of Business Ethics*, 155, pp. 379-398, 2019.
https://doi.org/10.1007/s10551-017-3493-7

Ioannis Assiouras, G. Skourtis, A. Giannopoulos, D. Buhalis and M. Koniordos, "Value co-creation and customer citizenship behavior," *Annals of Tourism Research*, Volume 78, 2019.
https://doi.org/10.1016/j.annals.2019.102742

Michiel Frederick Coetzer, M. Bussin and M. Geldenhuys, "The Functions of a Servant Leader," *Administrative Sciences*, Vol. 7, Issue 1: 5, 2017.
https://doi.org/10.3390/admsci7010005

Alexander Cuenca, "Care, thoughtfulness, and tact: a conceptual framework for university supervisors," *Teaching Education*, Volume 21, Issue 3, pp. 263-278, 2010.
https://doi.org/10.1080/10476210903505807

Yoshinobu Sato, T. Aishima and M. Parry, "The DNA-like Commonality of the Implicit Rules Shared by *Karaoke* and *Manyoshu*" 日本商業学会で発表した論文を英訳、加筆、修正。

Nina Bürklin, "Worn Wear: Better than New—How Patagonia's Social Marketing Campaign Enhances Consumers' Responsible Behavior," in D. Basil, G. Diaz-Meneses, M. Basil (eds) *Social Marketing in Action*, pp. 187-201, Springer, 2019.
https://doi.org/10.1007/978-3-030-13020-6_12

Sally Dibb and M. Carrigan, "Social marketing transformed: Kotler, Polonsky and Hastings reflect on social marketing in a period of social change," *European Journal of Marketing*, Vol. 47 No. 9, pp. 1376-1398, 2013.
https://doi.org/10.1108/EJM-05-2013-0248

Rebekah Russell-Bennett, R.P. Fisk, M.S. Rosenbaum and N. Zainuddin, "Commentary: Transformative service research and social marketing—converging pathways to social change," *Journal of Services Marketing*, Vol. 33 No. 6, pp. 633-642, 2019.
https://doi.org/10.1108/JSM-10-2018-0304

英語で読むマーケティング

● 2021 年 3 月 31 日　初版発行 ●

● 著者 ●
相島淑美

Copyright © 2021 by Toshimi Aishima

発行者　●　吉田尚志
発行所　●　株式会社　研究社
〒 102-8152　東京都千代田区富士見 2-11-3
電話　営業 03-3288-7777（代）　編集 03-3288-7711（代）
振替　00150-9-26710
http://www.kenkyusha.co.jp/

KENKYUSHA
装丁　●　久保和正
組版・レイアウト　●　渾天堂
印刷所　●　研究社印刷株式会社
ISBN 978-4-327-45298-8 C1082　Printed in Japan